김영우의 외교안보 작심토로

남쪽 대통령이라니

Si vis pacem, para bellum

평화를 원한다면 전쟁을 준비하라
-베제티우스

북앤피플

책을 펴내면서

거대한 운명의 갈림길에 서 있다는 위기의식

/

인간은 언제나 꿈을 꾸고 이상을 추구한다. 밤하늘에 뜬 달을 보면서 아름답고 신기하다는 생각과 함께 저 달에는 무엇이 있을까 직접 가서 보고 싶다는 꿈을 꾸었다. 그 꿈은 우주선을 만들게 했고 마침내 인간은 달 표면에 첫발을 내딛는 데 성공했다.

아름다운 달을 보고 끝없는 상상의 나래만 폈다면 인간이 달에 갈 수 있었을까. 꿈은 인류가 쌓아온 과학 기술을 토대로 수없이 많은 실험과 시행착오를 거쳐 현실이 되었다.

인류가 꿈꾸는 평화는 어떤가?

평화라는 꿈도 마찬가지다. 말로는 평화와 진리의 실현, 민족해방, 인류공영이라는 명분을 내걸었지만 결국 참혹한 전쟁으로 이어진 경우가 허다했다. 십자군전쟁과 종교전쟁, 제1, 2차 세계대전과 한반도에서 일어난 6·25전쟁이 그랬다. 평화는 꿈만 꾼다고 이루어지는 것이 아니라 전쟁을 막을 현실적 힘과 노력이 있어야 지켜질 수 있다는 말이다.

지금 국제질서는 급격하게 재편되고 있다. 미국과 중국이 패권 전쟁을 벌이고 있는 가운데 미·중을 두 축으로 여러 나라가 동맹 블록을 형성하고 있다. 동맹 블록은 과거 역사에서 보자면 대규모 국제전이 일어나기 직전에 일어나는 현상이다.

미국은 중국의 팽창을 막기 위해서 인도·일본·호주와 함께 4개국으로 구성된 쿼드(Quad)체제를 출범시켰다. 지난 9월에는 미국·영국·호주가 오커스(Australia, UK, US) 외교·안보 3자 협의체를 구성했다. 미국과 영국이 호주에 핵잠수함 개발을 공동 지원할 것도 약속했다.

중국도 과거 역사의 영광과 자부심을 되찾겠다는 '중국몽(中國夢)'을 꿈꾸면서 경제적 군사적 문화적 패권주의로 나아가고 있다. 시진핑 주석은 지난 11월 공산당의 '역사 결의' 채택을 통해 자신의 권력 기반을 강화하고 새로운 역사의 전환점을 만들어 갈 것을 선언했다. 중국은 북한의 비핵화가 아닌 한반도 비핵화를 주장하면서 주한미군의 사드 배치에 반발해 우리나라에 경제·문화적 보복을 단행했다. 게다가 매년 러시아와 공동으로 전투기 훈련을 하면서 우리의 방공식별구역(KADIZ)도 수시로 침범하고 있다. 북·중·러 대륙 동맹 블록이 공고해지고 있다. 미국을 중심으로 하는 자유민주주의, 시장 자본주의 세력과 중국을 중심으로 하는 국가 자본주의, 인민민주주의 세력이 정면으로 충돌하기 직전 상황이다.

그런데 문재인 정권은 어떻게 대응하고 있는가?

'남북대화' '평화'와 '종전선언'만 목청껏 외치면서 역대 정권이 구축해놓은 안보 전선을 송두리째 뒤흔들고 군의 기강을 흐트러뜨렸다. 한미동맹을 위협하고 북한의 인권에 대해서는 침묵하면서 북한 김정은의 주장을 대변하는 홍보대사 노릇을 충실히 수행하고 있다. 미국이 종전선언에 합의만 해주면 한반도에 항구적인 평화가 금방이라도 찾아올 것처럼 종전선언에만 목을 매고 있는 모습은 애처롭기까지 하다. 과거 이명박·박근혜 정부의 외교·안보·국방 정책도 썩 잘했다고 평가받기 어렵지만 그래도 지금처럼 한미관계, 한일관계 등 대외관계가 흔들리거나 국민의 자존심이 이처럼 땅에 떨어지지는 않았다. 역사는 문재인 정권이 나라의 성공신화와 안보의 기틀을 갉아먹은 민족 포퓰리즘 정권이었다고 기록할 것이다. 참으로 분노가 치밀어 오른다.

나는 지난 2019년 12월, 21대 총선을 넉 달 앞두고 불출마를 선언했다.

12년 동안 국회의원을 해오면서 4선에 또 도전할 만큼 정치적 지구력이 없다는 생각이 들었다. 내 편만이 옳다는 진영 논리에 빠져 서로 극단적인 대립을 일삼는 정치에도 환멸과 무력감을 느꼈다. 정치를 해오면서 내게 도움을 줬던 두 전직 대통령이 모두 감옥에 있는데 아무도 책임지는 사람이 없다는 것도 불편했다. 그런 상황에서 또 4선 의원이 되기 위해 선거에 나서기엔 얼굴이 화끈거렸다.

여의도 국회를 떠난 지 이제 1년 반의 세월이 흘렀다. 내가 지금까지 살아온 날들을 돌아볼 수 있는 소중한 시간이었다. 전쟁과 평화, 국정 리더십과 관련해 우리나라 근현대사를 다시 찬찬히 들여다본 것도 매우 뜻깊은 경험이 되었다. 자전거를 타고 하루에 100km씩 넘게 달리면서 직접 찾아가 본 강화도의 전적지와 이순신 장군의 묘소, 6·25전쟁의 유적지와 부산 유엔기념공원의 기억들은 평생 잊지 못할 것 같다.

지나온 역사에 비춰 보자면 지금 우리나라는 또다시 거대한 운명의 갈림길에 서 있다는 위기의식을 느끼게 된다.

여당과 야당은 내년 3월에 있을 대통령선거에 몰입하고 있다. 여야의 최종 대통령 후보가 정해져서 서로 치열하게 싸우고 있다. 그러나 '대장동 게이트', '고발 사주 의혹' 등 온통 불법 스캔들에 대한 뉴스만 난무한다. 정작 급변하는 국제질서 속에서 대한민국의 현주소는 어디고 앞으로 어디로 가야 하는지에 대해서 별 관심이 없는 것 같아 너무나 걱정스럽다.

이런 상황에서 문재인 정권 시절에 일어났던 외교·안보·국방 관련 사건들을 돌아보는 것은 나름대로 의미가 있을 것 같다. 그리고 국회 국방위원장을 지냈던 나로서는 이런 일들을 외면할 수도 없었다.

정글과 같은 냉혹한 국제사회에서 '이상'과 '환상'이라는 열차의 종착역은 '죽음'이다. 앞으로 닥쳐올지도 모를 이런 위험과 불행을 미리 막기 위해서 작은 경보음이라도 울리고자 한다.

부족한 글재주에 막상 책을 쓰자니 여러모로 문제가 많았다. 그래도 용기를 북돋아 주신 북앤피플 김진술 대표님과 가까운 지인들, 가족들 그리고 누구보다도 나라를 지켜주신 순국선열과 호국영령들께 깊이 감사드린다.

차례

〈책을 펴내면서〉 거대한 운명의 갈림길에 서 있다는 위기의식 005
〈프롤로그〉 역사를 보라 012

제1부 굴종 외교의 탄생 배경

1. 586 친북 운동권의 사이비(似而非) 진보주의 021
2. 전대협 의장 출신 임종석, 청와대 비서실장이 되다 029
3. 전대협 586운동권 출신들의 청와대 위장취업? 037
4. 북한과의 체제전쟁에서 이겼다는 착각 041
5. 북한 김정은에 대한 심각한 오해와 낭설 047

제2부 "나는 남쪽 대통령입니다"

6. "나는 남쪽 대통령입니다" 053
7. 6·25전쟁에는 침략자가 없다? 059
8. 김여정의 독설이 러브레터인가! 067
9. 가짜 평화와 반(反)통일의 길을 가는 문 정권 073
10. 한국의 방송장비가 북한 미사일 부품? 081
11. 한반도 평화프로세스-선의로 포장된 지옥으로 가는 길 089
12. 북한 입맛에 맞는 문재인 '외교안보 4인방' 095
13. 육군 소위로 임명된 군견 헌트 101
14. '안보'는 안 보이고 '경계'는 찢어진 우산 107

제3부 대중(對中) 굴종 외교의 실상

15. 친중(親中) 사대의 늪에 빠진 문 정권 123
16. 중국에 잠식당하는 대한민국 129
17. 대중국 '3불(不) 약속'은 안보주권 포기각서 135
18. 투키디데스 함정에 빠진 미-중, 우리의 운명은? 141

제4부 흔들리는 한미동맹과 한미일 3각 안보협력체제

19. '민족종교'에 빠져 한미동맹 흔드는 문재인 정권 149
20. 북한의 '갓끈 전술'에 무너지는 한미일 3각 안보협력체제 159
21. 잊을 수 없는 그 날, 아! 천안함 167
22. "폭탄이 떨어져도 평화 외쳐야…" 이인영은 몽상부 장관? 173
23. 백선엽과 박원순을 차별한 문재인 대통령 179

제5부 다시 돌아보는 국방위원장 시절

24. 당론이냐 양심이냐, 이것이 문제로다 189
25. 사드 배치에 대한 국방위원장의 생각은 이렇습니다 197
26. 북한 무인기에 무방비로 노출된 대한민국의 영토 205
27. 북한 김정은이 마약을 한다고? 213
28. 전직 국방장관이 전쟁기념관 관장을 맡는 나라 221
29. 역대 주한미군 사령관들이 입을 연 이유는? 227
30. 오사마 빈 라덴을 바다에 수장시킨 미 항공모함 칼빈슨호 233
31. 북(北) 화성-15형 발사, 유럽 NATO마저 전율 느껴 239
32. 하와이 'USS 아리조나' 군함의 검은 눈물 245
33. 〈천안함 희생 장병들께 바치는 국방위원장 방미 보고의 글〉 251

제6부 MZ세대의 통일의식

34 김정은을 향한 이준석의 시원한 한마디 263
35. 굳이 통일을? vs. 우리의 소원은 통일! 271
36. 민족주의 통일관 vs. 자유주의 통일관 275
37. 우리 정치 훤히 들여다보는 북한, 이번 대선에서는 어떻게 개입할까? 281
38. 문재인보다 더 위험한 이재명의 안보 포퓰리즘 287
39. 북한 눈치 보기 끝판왕 '북한 가짜뉴스 모니터링 예산' 291

〈에필로그〉 통일보다는 북한의 '정상 국가화'가 먼저다 295

문재인 정부 외교·안보 굴욕 사건일지 302

프롤로그

역사를 보라

/

전쟁과 평화 중에 하나를 선택하라고 한다면 누구나 예외 없이 평화를 택할 것이다. 하지만 전쟁을 피하고 평화를 유지하는 방법을 선택해야 하는 복잡한 상황에서는 답을 찾기가 쉽지 않다. 어떤 사람들은 압도적인 힘이 있어야 평화를 유지할 수 있다고 하고, 또 다른 이들은 인내심을 가지고 상대를 설득하고 포용해야 한다고 주장한다. 그렇다면 전쟁과 평화의 문제를 해결하기 위해 우리가 의존할 수 있는 가장 믿을 만한 참고서는 무엇일까? 바로 역사다. 평화는 한순간에 발명할 수 있는 발명품이 아니기 때문이다. 인간의 이성과 감정, 욕망과 지혜가 오랜 세월 얽히고설켜서 축적해온 인류의 경험에서 찾아야 한다.

역사를 보라.

공산주의자, 전체주의자, 이념적 근본주의자들은 지상낙원을 만들기 위해 혁명적 사회개조를 추구했다. 그들은 자신들의 이상을 추구하기 위한 권력투쟁 과정에선 냉혹하게 현실주의적이다. 상대방과의 약속이나 종이에 쓴 평화협정서를 믿지 않는다. 오히려 그런 건 세력 확장이라는 목적을 달성하기 위한 수단으로 활용할 뿐이다. 전쟁에 관한 한 그들은 늘 은밀하고 치밀하고 교묘했다.

1938년 영국의 체임벌린 수상과 독일의 히틀러 등이 서명한 뮌헨회담 협정서는 오히려 제2차 세계대전 발발의 길을 터주었다. 1973년 미국과 남·북 베트남, 베트공 4자 간에 맺은 파리 평화협정도 베트남의 공산화를 가져왔다. 지난해인 2020년 2월 카타르 도하에서 맺은 미군과 탈레반의 평화협정은 종이의 잉크가 마르기도 전인 지난 8월 아프간 수도 카불이 탈레반에 의해 함락되면서 휴짓조각이 되었다. 평화를 주장하던 이상주의자들이 세력 팽창의 야심가와 독재자들의 음모에 결국은 무릎을 꿇게 된 현대사들이다.

북한을 보라.

북한 최고지도자 김정은은 어떤가?

현실주의가 '이상이나 관념보다는 자기가 처한 현실을 중시하는 행동 양식'이란 점에서 김정은은 냉혹한 현실주의자다.

북한의 최종적인 목적은 한반도의 완전한 사회주의 통일이지만 김정은이 헤쳐나가야 할 눈앞의 현실은 무엇인가?

우선, 자신의 통치 권력을 유지하기 위한 통치 자금이 필요하고 그것을 마련하려면 미국을 비롯한 국제사회의 대북제재 완화가 필수다.

둘째, 국제사회의 대북제재 완화는 미국을 움직여야만 가능하다. 미국을 움직이려면 북한은 미국의 관심 대상이자 위협의 대상이 돼야 한다. 이를 위해 핵미사일은 포기할 수 없는 수단이다. 그 핵미사일은 남북관계에서도 강력한 게임체인저(game changer)다.

셋째, 대북제재 완화를 위해 한국이 미국 정부를 설득해줘야 한다. 그런 목적이라면 남북대화와 남북교류가 도움이 된다고 생각한다.

북한 김정은의 생각은 분명하다. 위의 세 가지 현실 문제를 중심으로 사고하고 행동한다. 자기의 유일한 목적인 권력 유지를 위해 현실을 분석한다. 그것을 바탕으로 말하고 행동할 뿐이다.

대한민국을 보라.

현재 권력인 문재인 대통령과 그를 둘러싼 586 친북 운동권 정치인들은 어떤가? 이들은 이상주의자들이다. 국제정치학에서 이상주의는 국가 간에 도의(道義), 윤리, 규범, 법, 국제조직 그리고 제도를 중시한다. 무력이 아닌 협상이나 법을 통해 국제분쟁을 해결하고 국가 간의 조화를 도모하고자 하는 것이다(21세기 정치학대사전, 정치학대사전 편찬위원회). 한마디로 '서로 믿고 약속하면 평화가 이뤄질 것'이라고 믿는다. 권력(power)이나 공포가 작동하는 국제질서 속에서 그런 시도는 번번이 실패했다는 사실을 잊은 채 말이다.

문재인 대통령이 '종전선언'과 '남북대화'를 주장하면서 북한에 그렇게도 간절히 구애하는데도 '삶은 소대가리' '겁먹은 개'라는 치욕적인 욕설까지 들어가면서 걷어차이는 이유는 뭘까?

그것은 문 정권이 김정은이 원하는 것을 충족시키지 못한 채 감질만 나게 만들기 때문이다. 김정은이 원하는 것은 세 가지다. 북한 체제 보장, 대북제재 완화, 한미연합훈련 중단이다. 그러나 북한이 한반도 안보를 위협하고 미국 본토까지 날아가는 핵미사일을 개발하고 있는데 어떻게 김정은의 희망 사항을 속 시원히 충족시켜주겠는가. 그러니 문 정권의 대북 '구애 정책'은 헛수고에 불과하다.

그렇다면 문 정권은 중국으로부터는 어떤 평가와 대우를 받고 있는가?

2017년 12월 15일, 문재인 대통령은 중국 베이징대에서 연설했다.

"한국은 작은 나라지만 책임 있는 중견 국가로서 중국의 꿈에 함께 할 것이다. 한국에는 중국의 영웅들을 기리는 기념비와 사당들이 있다. 광주시에는 중국 인민해방군가를 작곡한 한국의 음악가 정율성을 기념하는 정율성로(路)가 있다."

2021년 1월 26일 중국의 시진핑과의 전화통화에선 "중국공산당 창립 100주년을 진심으로 축하한다"고 했다. 생각해 보자. 아직도 6·25전쟁을 항미원조전쟁이라 부르면서 승전을 주장하는 중국공산당이다. 고(故) 백선엽 장군은 '6·25전쟁 당시 전투의 8할은 중공군과의 전투였다'고 회고한 바 있다. 그런 중국공산당 창립을 진심으로 축하한다니 이보다 더한 종중(從中)과 사대(事大)가 또 어디 있을까.

문재인 대통령의 '대중(對中) 구애 외교'에도 불구하고 방중 때 여러 차례 '혼밥'을 해야만 했다. 수행 기자는 중국 기관원들에게 폭행까지 당했다. 중국 전투기들은 문 정권 들어서 그 어느 때보다도 우리의 방공식별구역(KADIZ)을 자주 침입한다. 어디 이뿐인가. 중국의 왕이 외교부장은 문재인 정부에 "한국은 미국의 장단에 휩쓸리지 말라"는 훈계조의 경고까지 한다. 경제 문화영역에선 한한령(限韓令)에 시달려야만 했다.

독립운동가이자 승려인 만해 한용운은 1936년 '심우장만필-반성(反省)'에서 다음과 같이 적었다.

"만고(萬古)를 돌아보건데 어느 국가가 자멸(自滅)하지 아니하고 타국의 침략을 받았으며, 어느 개인이 스스로 멸시(蔑視)하지 아니하고 타인의 모멸을 받았는가. 망국(亡國)의 한이 크지 아니한 것은 아니나, 정복국가만을 원망하는 자는 언제든지 그 한을 풀기가 어려운 것이다"

문재인 정권이 출범한 이후 외교, 안보, 국방 면에서 어떤 일들이 벌어졌는지, 대한민국 국민임을 부끄럽게 만드는 이런 일들이 벌어진 근본 이유는 어디에 있는지, 그리고 그것이 문재인 대통령이 선택한 자멸의 길은 아닌지 돌아봐야 할 필요가 있다.

지금 대한민국은 어두운 긴 터널을 통과하고 있다.

친북·친중, 반미·반일이라는 시대착오적인 사이비 이념의 터널이다. 이런 어두운 자멸의 터널에선 우선 문재인 정부의 현실 인식과 정책에 대한 징비(懲毖)가 필요하다. 나아가 어두운 터널이 밝은 희망의 고속도로로 이어지려면 남한의 과거 보수정권식 대북 '압박'이나 진보정권의 '구애'와는 완전히 다른 새로운 접근이 필요하다. 기성세대보다도 개인의 자유와 권리의식이 강한 MZ세대의 현실주의적 관점에서 대북정책과 통일의 새로운 실마리를 찾을 수 있을 것 같다.

제1부

굴종 외교의 탄생 배경

1. 586 친북 운동권의 사이비(似而非) 진보주의
2. 전대협 의장 출신 임종석, 청와대 비서실장이 되다
3. 전대협 586 운동권 출신들의 청와대 위장취업?
4. 북한과의 체제전쟁에서 이겼다는 착각
5. 북한 김정은에 대한 심각한 오해와 낭설

1

586 친북 운동권의 사이비(似而非) 진보주의

화석화된 이념 세대

사람은 잘 바뀌지 않는다. 사람의 생각과 인식은 잘 바뀌지 않는다는 뜻이다. 따라서 특정 생각과 인식에 매몰된 사람의 선택과 행위도 잘 바뀌지 않는다. 사람은 환경의 변화와 교육으로 진화하고 발전할 수 있지만 그건 상당한 개인적인 노력이 있을 때 가능한 일이다.

지금 사회적·정치적으로 기득권층이 된 586세대도 마찬가지다. 80년대 군부독재 정권에 맞서 낮에는 거리에서 최루가스를 뒤집어쓰며 가두투쟁(이른바 가투)을 하고, 밤에는 소주, 막걸릿잔을 기울이며 열띤 토론을 벌였다. 이들 586세대의 세계관, 가치관, 정서는 지금까지도 거의 변하지 않고 있다.

이들 대다수는 직업을 가지고 일하면서 갑종근로소득세를 낸

적이 없다. 생산 활동에 참여해본 경험 없이 정치권 언저리에서 활동하다가 느닷없이 국회의원 배지를 달게 된 경우도 많았다. 그들은 어느덧 중진의원이 됐고 국정에 깊숙이 참여하고 있다.

물론 모두가 다 그렇다고는 할 수는 없다. 하지만 문재인 정권의 핵심에서 기득권을 차지하고 있는 586 친북 운동권 정치인들은 아직도 과거 이념투쟁 시대의 늪에서 빠져나오지 못하고 있다. 화석화된 이념의 틀로 세상을 바라보는 낡은 진보다. 앞서서 시대를 이끄는 진보가 아니라 시대의 발목을 잡고 훼방을 놓는다. 이런 세력을 사이비(似而非) 진보라고 부른다.

진보라면 응당 추구해야 하는 보편적인 자유와 인권, 민주주의, 공정의 가치를 스스로 파괴하고 있다.

진보성향의 대표적인 원로학자 최장집 교수는 "지금의 한국 민주주의는 위기에 처해있다. 이 위기는 학생운동권 세대의 엘리트 그룹과 이들과 결합된 이른바 '빠세력'의 정치적 실패에서 왔다… 새로운 정치계급으로 등장한 학생운동 세력이 문제의 해결자가 아니라 문제 그 자체가 돼 버렸다"(최장집 '다시 한국민주주의를 생각한다', 서울대 한국정치연구소, 2020. 6)라고 일갈했다.

586 사이비 진보들은 부동산 투기 세력을 비판하면서 정작 자신들이 저지른 투기는 노후를 대비해 마련한 생계형으로 둔갑시킨다. 자신들은 잘 모르는 일이고 애꿎은 아내들에게 책임을 전가한다.

자사고 특목고 폐지를 그토록 주장하면서도 정작 자신들의 자식은 자사고 특목고에 진학시킨다. 급기야는 입시용 가짜 인턴 경력증명서와 표창장까지 만든다. 개천에서 용이 될 필요는 없고 가재나 붕어, 개구리로 살아가도 좋다는 말을 하면서도 정작 자신들의 자녀는 '용'으로 만들기 위해 불법·탈법적 방법을 서슴지 않는다.

왜 이렇게 됐을까. 왜 이들은 진보를 자처하면서도 퇴행적인 행동을 일삼는 사이비 진보로 전락했나. 먼저 이들의 세계관과 역사인식이 잉태된 시대적 배경을 살펴보자.

《해방전후사의 인식》과 '저항적 민족주의' 역사관

나는 1985년에 대학에 입학했다. 당시는 80년 광주민주화운동의 여파가 강하게 남아 있을 때다. 모든 대학가에선 '전두환 군부독재 타도'를 외쳤고 재벌과 특권층(정치인과 정부 고위관료, 부유층 등)에 대한 반감이 학생들의 정서에 뿌리 깊게 자리 잡고 있던 시기였다.

우리나라를 비롯한 제3세계를 경제적·문화적으로 수탈하는 미제국주의의 신식민지 수탈에 맞서서 반외세 해방통일혁명을 완수해야 한다는 운동권 논리가 급속도로 퍼졌다. 이름도 거창한 사회구성체론, 종속이론, 제3세계론, 신식민지국가독점자본주의론, 식민지반봉건론, 해방신학론, 주체사상 이론이 대학가를 휩쓸었다.

민주주의 이론이 아니라 사회주의 혁명이론이다.

일반 학생들에게 반독재 민주화 투쟁은 너무나도 정당하고 정의로운 일이었다. 길거리에서 화염병과 돌을 던지지는 않더라도 이런 대의명분에 모두가 동조하는 분위기였다.

학생들은 교정의 잔디밭에 둘러앉아 소주와 막걸리를 마시면서 〈님을 위한 행진곡〉 〈아침이슬〉, 〈늙은 군인의 노래〉, 〈솔아 솔아 푸르른 솔아〉 등을 부르면서 시대를 한탄하고 동지애를 느꼈다. 얼굴 없는 시인 박노해는 운동권의 우상이었고, 김민기의 노래는 대학가의 18번 유행가였다.

운동권 학생은 아니라도 《해방전후사의 인식 시리즈》(송건호 등), 《민중과 지식인》(한완상), 《전환시대의 논리, 8억인과의 대화》(리영희), 조정래의 소설 《태백산맥》 등은 보통 학생들도 심취했던 책들이다.

특히 《해방전후사의 인식》은 일제시대의 수탈과 독립운동, 분단 이후 남과 북이 군정을 거쳐 단독정부를 수립하는 과정을 다루고 있다. 이 책은 제목처럼 해방 전후사를 인식하는데 있어서 학생들에게는 의식화의 교과서였다.

위에 열거한 책들과 함께 운동권 학생들이 열독했던 '마르크스-레닌'의 저서와 북한의 '주체이론' 사상은 학생들에게 어떤 세계관을 심어줬을까.

요약하자면 세상과 역사는 강자와 약자, 제국주의와 식민지로 나누고 강자의 약자에 대한 지배, 제국주의의 식민지 약소국에 대한 수탈로 인식한다. 이런 모순과 부조리를 극복하고, 역사 발전을 위해선 약자들이 단결해 노동해방-평등사회, 해방된 통일 독립 국가를 만들어야 한다는 논리다.

물론 운동권은 노동계급의 해방을 주로 주장한 PD(민중민주주의)파와 자주민족통일을 강조하는 NL(민족해방)파로 나뉘고 그 안에 분파가 있지만 두 세력은 암묵적인 정서적 공통점이 있다. 바로 미국과 일본에 대한 적대감과 중국, 북한 등 사회주의에 대한 정서적 친밀감이다.

《해방전후사의 인식》에서 말하는 해방 전후사는 이렇다.

미국은 제2차 세계대전에서 연합군의 승리를 이끌면서 전후 독일과 일본의 지배로부터 벗어난 약소국에 진주해 신식민지를 건설하고 있다는 것이다. 한반도에서는 소련의 팽창을 막아 내기 위해 이승만을 앞세워 남한만의 단독정부를 수립했다고 주장한다. 이후에도 미국은 남한의 군부독재를 은밀히 지원하며 5·18광주민주화운동을 총칼로 진압한 전두환 쿠데타 세력을 암묵적으로 지원했다고 강조한다.

특히 5·18광주민주화운동은 586세대에게는 중학교나 고등학교 학생 때 일어난 사건이었다. 당시 언론의 은폐 축소 보도로 광주의 상황은 감춰져 있었다. 그러다 586세대가 대학교에 진학하고 광주에서 있었던 시민군과 계엄군의 총격전, 시민군에 대한 폭행 장면을 담은 비디오는 대학가를 분노로 들끓게 만들었다.

나도 교내 어느 조그만 강의실에서 비디오를 보고 울분에 쌓였던 기억이 생생하다. 결국 5·18광주사건은 민주화 학생운동이 자연스럽게 반미-반독재 운동과 결합되는 강력한 계기가 되었다.

이에 비해 일제 강점기의 김일성은 독립운동을 이끌고 남북분단을 반대한 인물로 알려졌다. 6·25 때 북한 김일성을 도운 소련과 중국은 고맙고 정의로운 나라로 인식되었다. 마르크스-레닌, 모택동은 가난하고 힘없는 민중의 계급해방을 위한 이론가요 혁명가로서 추앙받았다. 독일의 로자 룩셈부르크, 쿠바의 카스트로, 아르헨티나 출신 체 게바라 등은 혁명지도자로 동경의 대상이었다.

주체사상을 신봉한 주사파 학생운동권은 급기야 '위대한 수령 김일성 동지(위수김동)'의 영도력을 칭송하고, 밤마다 북한의 대남공작부서인 '통일전선부' 산하 '한국민족민주전선(한민전)' 단파 라디오를 청취하기에 이르렀다.

이 같은 사조는 대학가의 학생운동이 자유민주주의를 실현하기 위한 민주화 운동이 아니라 사회주의 혁명, 더 나아가 북한식 인민민주주의를 꿈꾸는 반헌법적인 혁명운동이었음을 말해 준다.

대학에 입학해서 읽은 수많은 책과 선배들이 건네준 인쇄물은 고등학교 시절까지 배운 기존의 역사 교과서 내용을 전면적으로 부정하는 내용이었다. 이런 독서 과정과 토론은 사상을 바꾸고, 지적성숙을 느끼게 하면서 집단적 자아도취에 빠지게 만들었다.

나도 역시 운동권 투사는 아니었지만 교내와 거리에서 격렬히 돌을 던지며 백골단과 격투를 벌였다. 경찰서에 끌려가서 사정없이 얻어맞기도 했다. 친했던 친구 중 하나는 사제 폭탄까지 만들었다. 너댓 명이 미 대사관에 진입한 사건은 언론을 도배했다. 반년 넘게 감옥에 있던 그 친구와 옥중 편지를 주고받으며 괴로워했던 일은 잊을 수 없다.

일주일에 한두 번은 학과 선배로부터 시내 길거리나 커피숍에서 몰래 전달받은 인쇄물과 책을 읽고, 다음 주에 만나 토론을 하며 사상지도를 받았다. 지금 돌이켜보면 그때 마르크스-레닌, 모택동, 심지어 주체사상 관련 인쇄물까지 꽤나 열심히 읽었던 것 같다.

가난한 집에서 성장해 당시 어려운 형편에 대학을 다녔다. 고시에 합격해 집안을 일으키고, 부모님께 효도해야 한다는 책임감이 늘 마음 한구석에 자리하고 있었다. 참으로 힘들고 괴로운 나날이었다. 그래서 방학이 되기만 하면 기차를 타고 지방 여행을 다니면서 술과 책으로 마음을 달랬던 기억이 난다.

운동권에 깊숙이 가담했던 학생들은 그때부터 노동자계급 혁명을 꿈꾸는 민중민주(PD)이론과 김일성을 추종하는 민족해방(NL) 주체이론으로 무장하고 서로 심한 충돌을 빚었다.

1987년 민정당 대통령 후보였던 노태우의 6·29 민주화 선언은 외형적으론 대통령 직선제 쟁취라는 민주화 운동의 결실이었다.

하지만 PD나 주사파 사회주의 운동권 세력에게는 1단계 선거혁명에 불과했다. 사회의 계급구조, 식민구조를 바꾸는 2단계 사회주의 혁명은 아니었다.

1987년 직선제 대통령선거를 계기로 대부분 일반 학생들은 군입대를 거쳐 졸업과 함께 직장인으로 생활을 시작했다. 사회혁명이나 정치에 열정을 가졌던 학생들은 곧바로 사회로 진출하기보다는 대학원에 진학해 공부를 더 하거나 국회 보좌진, 언론계, 출판계, 학원가, 환경운동 쪽으로 많이 진출했다.

특히 1990년대 소련과 동구 사회주의권이 붕괴되고 민주화 과정을 거치는 동안 사회에 진출한 많은 586세대들은 자연스럽게 사회주의에 대한 환상을 버리고 자유민주주의 대한민국의 헌법적 질서를 신뢰하며 살아오고 있다.

그러나 학생 때 민주화 운동에 열정적이었다가 김대중, 노무현 정부 시절 정치권에 입문한 주사파 586운동권의 정서는 다르다. 지금도 주체사상 민족주의 사관에서 완전히 벗어나지 못한 채 친중, 반미-반일 성향을 강하게 드러내고 있다.

2

전대협 의장 출신 임종석, 청와대 비서실장이 되다

'당신은 그때 뭐했냐'라는 '운동권 선민의식'

문재인 대통령은 헌정사상 최초의 학생 운동권 출신 대통령이다. 이명박 전대통령도 학창시절 한일회담에 반대하는 6·3시위를 주도해 구속되기도 했지만 민주화 학생운동권 세대는 아니다. 노무현 전 대통령 역시 운동권 학생들에게 우호적인 변호사로 활동했지만 대학에 진학하지 않았기 때문에 본인 스스로가 운동권 학생은 아니었다.

항간에는 문재인 대통령이 586운동권 세력, 특히 주사파 출신 참모들로부터 포위당해 매사에 중국 눈치를 보며, 북한에 일방적으로 끌려가는 게 아니냐는 우려의 목소리도 나온다. 어떤 이들은 문재인 대통령 스스로가 남북문제에 있어서만큼은 주도적으로 이슈를 끌고 가고 있다고 분석하기도 한다.

어쨌든 전대협 3기 의장 출신 임종석이 보수 정권 9년을 거친 후 진보정권의 초대 대통령 비서실장이 됐다는 사실은 의미심장하다.

임종석은 이미 두 번의 국회의원과 서울시 정무부시장을 지낸 바 있는 정치인이다. 하지만 나라의 모든 정보와 기밀이 모이는 청와대의 대통령 비서실장이 된다는 것은 또 다른 논쟁을 일으킬 수 있는 일대 사건이었다.

2017년 11월 초 국회운영위원회 청와대 비서실 국정감사장에선 이 같은 논쟁을 한눈에 알 수 있는 가시 돋친 설전이 벌어졌다. 당시 상황을 복기해 보자.

전희경(자유한국당 국회의원): "전대협 강령과 회칙을 보면 '미국에 반대하고 외세의 부당한…' 등 민족과 민중에 근거한 진보적 민주주의를 밝히고 있다. 청와대에 들어간 전대협인사들이 이 같은 사고에서 벗어났다고 볼 수 있는 근거가 없다."

임종석(청와대 비서실장): "그게 질의냐, 나의 생애에 가장 큰 모욕이었다. 5공화국, 6공화국 때 정치군인들이 광주를 짓밟고 민주주의를 유린할 때 의원님이 어떻게 사셨는지 모르겠다. 그런데 의원님이 거론한 대부분의 사람들이 민주주의를 위해 노력한 사람이다"

전희경(자유한국당 국회의원): "그때는 그렇게 생각했고, 지금은 이렇다고 해명하면 될 일인데 왜 역공을 하느냐"

국정감사장 질의와 답변만 보면 밝혀진 것은 하나도 없다. 전희경 의원은 임종석 실장에게 과거 전대협 강령을 아직도 신봉하고 있느냐고 물은 것이다. 이에 임 실장은 민주주의를 위해 노력했고 떳떳하다는 말로 대신했다. 사실상 동문서답으로 본질을 피해간 화법이었다.

물론 80년대 민주화 운동에 참여한 많은 학생과 시민들은 각자 다른 사상과 운동노선을 택했을 수가 있다. 일반 시민들은 반독재 민주화가 목표였고 직선제 개헌안을 쟁취하는 것이 말 그대로 최대·최고의 목표였다.

그러나 임종석 실장은 대통령을 보좌하는 비서실의 총책임자가 되었다. 정부조직법과 대통령비서실 직제 조항에는 '대통령 비서실장은 대통령의 명을 받아 대통령비서실의 사무를 처리하고, 소속 공무원을 지휘·감독한다'고 명시되어 있다. 다시 말하면 대통령의 비서로 직무를 보좌하며, 각 중앙행정기관과 지방자치단체 등에서 추진되는 모든 정부 정책 특히 국정과제의 방향을 설정하고 진행 상황을 점검하는 역할을 한다.

이런 중차대한 역할을 하는 대통령 비서실장이 어떤 이념과 헌법정신, 통일관점, 동맹의식을 가지고 있는 것을 따져 묻는 것은 국민의 알 권리로 당연한 일이다.

더구나 80년대 민주화 투쟁으로 옥고를 치렀다고 해서 다른 국민에게 "당신은 그때 뭐했냐?"라고 물을 자격은 누구에게도 없다.

그것은 오만한 '운동권 선민의식'이다. 나라가 발전하고 사회가 유지되는 건 한 시대에 모두가 똑같은 일을 해서가 아니다. 오히려 그 반대다.

자식을 대학에 보내놓고 학비를 대느라 생업에 매달린 부모님들의 한숨과 노고는 어떻게 설명할 수 있을까. 집안이 가난해 대학 진학도 못 하고 공장에서 일하며 집안 생계를 책임지던 많은 청년들이 민주화 투쟁에 참여하지 못한 것도 잘못일까. 오히려 기숙사 쪽방에서 자며 하루 12시간씩 일한 노동자들 덕분에 산업화를 이루고, 학생들의 민주화 운동 토대가 마련된 것이 아닌가.

묘비에 새기고 싶은 영광의 이름 '전대협 의장'

민주화 투쟁경력은 평가받을 만한 일이지만, 다른 사람을 평가하는 기준이나 완장이 될 수는 없다.

임종석은 제3기 전대협 의장 자격으로 임수경을 북한에 파견한 지 23년이 지난 2012년 자신의 트위터에 이렇게 썼다.

-전대협, 그 이름에 부끄럽지 않도록 노력하겠습니다(2012. 1. 12).

-언제 들어도 기분 좋은 '구국의 강철대오', 저는 요즘 자주 전

대협 진군가를 읊조립니다. 처음 마음 다지느라구요(2012. 1. 13).

-제게 전대협의장은 죽을 때 제 묘비에 유일하게 새기고 싶은 가장 큰 영광의 이름입니다(2012. 1. 16). (뉴데일리, 2012. 1. 21)

이 글들은 임종석이 민주통합당 사무총장의 신분이었을 때 쓴 글들이다.

그럼 왜 임종석이 전대협(전국대학생대표자협의회) 의장이었다는 것이 문제가 되는가?

솔직히 그 자체가 문제가 될 수는 없는 일이다. 중요한 것은 임종석 씨가 비서실장 위치에서 '과거 NL주사파가 장악했던 전대협의 정치적 노선은 반헌법적이고 국가 안위를 해치는 위험한 혁명 노선임'을 인정하면 될 일이다. 하지만 임종석은 한 번도 그런 적이 없다.

1992년 대법원은 전대협 노선을 결정하는 '정책위원회'를 '북한이 주장해온 민족해방 인민민주주의혁명(NLPDR)에 따라 우리 사회를 미제국주의 식민지로, 우리 정권을 친미예속 파쇼정권으로 규정하는 전제 하에, 반전과 반핵, 미 대사관 폐지, 미군철수, 팀스피리트 훈련의 영구폐기, 국가보안법 철폐, 현 정권 타도, 평화협정 체결, 고려연방제에 의한 통일 등을 주장하는 이적단체로 판결했다(대법원 선고 92도 1211판결. 1992. 8. 14).

당시 국가안전기획부(현재의 국정원)의 전대협 수사결과 발표를 보면 주사파에 장악된 전대협의 실체에 대해 세세하게 알 수 있다.

전대협은 1987년과 1988년 '전국사상투쟁위원회(전사투위)와 '반미청년회'의 배후조정을 받은데 이어, 1989~1990년에는 자주·민주·통일그룹(자민통)의 배후 조종을 받아왔고, 1991년 이후에는 '반제청년동맹', '조통 그룹' 등 주사파 지하조직에 장악되어온 것으로 밝혀졌다.

이에 따르면 전대협 제1기 의장 이인영의 경우, 86년 고려대 주체사상 신봉자들이 결성한 '전사투위'가 전대협 의장감으로 사전에 물색해 1987년 8월 출범한 전대협 제1기 의장에 당선시켰다.

제2기 의장 오영식은 고려대 출신 조혁, 김태원 등이 결성한 '반미청년회'출신이다. 또 전대협 3기, 4기, 5기 의장 임종석, 송갑석, 김종식 역시 주사파 지하조직인 '자민통'이 전국 학생운동을 장악하기 위해 전대협에 침투시킨 인물들이었다(서울신문, 1991. 7. 27, 블루투데이 기획팀, 2012. 5.1).

전대협을 장악한 주사파 조직들의 이념성향은 강령과 결의문, 맹세문 등을 통해서 알 수 있다.

1990년 8월 있었던 '자민통' 가입 결성식에서는 '한민전'의 강령을 받아들이는 선서와 함께 "김일성 수령님 만세! 김정일 지도자 동지 만세! 한국민족민주전선 만세! 민족해방 민중민주주의 만세!" 등을 외친 후에 다음과 같은 맹세문을 선언했다.

'주체의 깃발 따라 계속 혁신, 계속 전진으로 위대한 수령 김일성 장군님을 따라 숨통이 끊어지는 그날까지 죽음으로 혁명으로 사수하며 조국과 민족이 해방되는 그날까지 열사 헌신하겠습니다.'[김일성 수령님 만세! 김정일 지도자 동지 만세!(공안사건 분석) 386주사파 단체-자민통, 조갑제 닷컴. 2012.3.7]

이렇게 전대협과 그 지하조직들이 지향하는 세상, 투쟁 강령을 보면 전대협 활동을 평생 자랑으로 여기는 인물이 청와대의 비서실장이 되었다는 사실은 분명 놀라운 일이다.

3

전대협 586 운동권 출신들의 청와대 위장취업?

1980년대 사회주의와 민중민주주의 혁명을 꿈꾸던 학생운동권 인사들은 김대중, 노무현 정부 시절 청와대와 국회, 언론과 시민단체 등에서 기반을 잡기 시작했다. 그 이후 20년의 세월이 흘렀다. 50대 나이가 된 그들은 현재 사회 각 분야에서 가장 큰 영향력을 갖는 권력자가 되었다. 노무현 정부 시절 행정관으로 시작한 이들도 국회와 자치단체 요직을 거치며, 문재인 정권 출범 이후엔 권력 최고 상층부를 차지하고 있다.

문재인 대통령 청와대 1기 비서진의 면면을 살펴보자.

대통령을 최측근에서 보좌하는 대통령 비서실장에는 전대협 3기 의장 출신 임종석이 임명되었다.

임종석을 비롯해 문재인 청와대 비서실의 비서관급 이상 63명 가운데 35%에 해당하는 22명이 운동권과 시민단체 출신이다. 특히 임종석 직할인 비서실의 비서관급 이상 30명 가운데는 57%에 해당하는 17명이 운동권 출신으로 주사파인 NL(민족해방)계열의 전대협 의장, 간부들이 주류를 이룬다.

전대협 의장과 간부 출신이 5명(임종석-전대협 의장, 한병도-전대협 전북 조국통일위원장, 신동호-전대협 문화국장, 백원우-전대협 연대사업국장, 유행렬-전대협 중앙위원)이다. 청와대의 문고리 3인방(윤건영 국정상황실장, 송인배 제1부속실장, 유송화 제2부속실장)도 전대협 출신이다.

민청학련, 전대협 등 학생운동권 출신으로는 윤영찬(국민소통수석), 하승창(사회혁신수석), 정태호(정책기획비서관), 황인성(민주평화통일자문회 사무처장), 노영민(주중대사), 김금옥(시민사회비서관), 조한기(의전비서관), 문대림(제도개선비서관), 박수현(대변인), 권혁기(춘추관장) 등이 있다.

이들 중 비서관이면서 중요한 국가 정보를 취급하면서 국정 상황을 분석하고 방향을 잡는 역할을 하는 윤건영, 적폐 청산과 사정 업무를 맡은 백원우, 정책을 담당하는 정태호는 모두 전대협 간부 출신이다(한국진보세력연구. 남시욱. 2018).

이 밖에 정부와 국회, 언론계, 문화계 등에도 전대협 출신 운동권과 이후 시민운동 경력을 가진 인물들이 핵심적인 역할을 하기에 이르렀다.

전대협 1기 출신으로는 김태년, 우상호, 이인영, 이철우, 2기 출신은 백원우, 오영식, 정청래, 최재성, 3기 출신이 임종석, 복기왕, 이기우, 한병도 등이다.

이들은 과거 김대중 정부와 노무현 정부 때는 청와대 행정관, 국회에선 보좌진이나 초선 의원이었다가 문재인 정부 들어와 비서관이나 수석비서관, 중진 국회의원으로 경력을 쌓았다.

이런 흐름은 당연한 결과다. 학창 시절 독재에 항거하고 민주화 운동에 투신했고 이후 시민사회 운동 경력이나 국회 보좌진 경험을 살려 청와대에 입성하고 국회의원이 되는 것은 매우 자연스러운 결과다. 이들 가운데는 대학 시절 나와 함께 의식화 학습을 하고 써클 MT에서 술 마시며, 밤새 토론을 했던 친구도 있다.

문제는 학생 시절에 접했던 반헌법적이고 과격한 혁명사상과 주체사상, 북의 한반도 통일방식을 추종하느냐이며 아직도 당시의 신념과 이데올로기를 가지고 있다면 그것은 매우 위험한 일이다.

그런데 청와대에 진출한 이들이 과거에 신봉했던 사회주의 혁명 노선에 대해서 현재는 어떤 평가를 하고 있는지 자기 성찰을 한 예를 찾아보기 힘들다.

북한이 문을 걸어 잠근 채 주민 인권을 짓밟고 권력 세습체제를 유지하는 데도 북한 주민의 인권을 위해 활동한다는 말을 들은 적이 없다. 오히려 북한 주민 인권에 대해 침묵하고 있다.

학생 때 사회변혁을 꿈꾸던 열정, 그것이 주체사상이든 민중민주주의 혁명이든 그럴 수 있다. 586 그들은 이젠 국정 운영의 핵심 중의 핵심인 청와대에서 일하게 된 권력 그 자체다. 북한은 이념적이든 현실적으로든 추종 대상도 아니고 민감한 협상의 대상인데, 과거의 이념과 사상을 가슴에 품고 살아간다면 이보다 더 위험한 일이 어디 있겠는가.

4

북한과의 체제전쟁에서 이겼다는 착각

흔히들 우리가 북한과의 체제전쟁에서 완전히 이겼다고 주장한다. '우리 경제 규모는 북한 경제 규모의 50배 이상으로 세계 경제 규모 10위권 국가인데 북한이 어떻게 우리에게 게임이 될 수 있는가' 하는 논리다. 전쟁은 경제력이 없으면 수행할 수 없다는 말도 덧붙이면서 말이다. 과연 그럴까? 결론부터 말하면 황당하면서도 위험천만한 착각이다.

나라의 국력을 수학적으로 계량화하기는 무척 어렵다. 국력을 구성하는 요소는 인구와 자원, 국방력 등 물리적인 요소와 문화와 리더십, 전략, 정신력 등 비물질적 요소가 혼합돼 있기 때문이다.

국력을 평가하는 지표로 유용한 방정식 하나가 발표된 적이 있다. 미국 중앙정보국(CIA) 부국장을 지낸 정치학자 레이 클라인(Ray S. Cline)이 1975년 만들어낸 '국력 방정식'이다. 이 방정식은

1980년과 1994년 두 권의 저서를 거쳐 보완돼 다음과 같이 정의됐다.

P=(C+E+M)×(S+W)이다.

국력=(국토와 인구+경제력+군사력)×(국가전략+국민 의지)

클라인에 따르면 국력은 국토와 인구를 포함한 요소와 경제력, 군사력이라는 물리적 역량과 국가리더의 전략과 국민의 의지라는 정신적 역량이 만들어내는 총역량이다.

여기서 중요한 것은 물리적 역량과 정신적 역량 사이에 곱셈으로 연결돼 있다는 점이다. 물리적 역량이 제아무리 수준이 높고 탄탄해도 리더십과 국민의지가 빈약하면 전체적인 총량은 급격히 줄어든다. 정신력이 제로인 경우는 국력도 제로가 되는 것이다. 이것은 미국이 베트남전에서 패배하거나 구소련이 아프가니스탄에서 철수했던 역사적 예로 증명이 된 셈이다.

이 대목에서 청와대에서 대통령 비서실장을 했던 정치 선배 한 분이 내게 해줬던 얘기가 떠오른다.

"대통령이 99가지 일을 잘했더라도 한 가지 일을 완벽하게 망치면 99가지 잘했던 일들이 몽땅 허사가 되는 법이야. 제로가 되는 것이지. 대통령 국정 수행 평가는 덧셈의 법칙이 아니라 곱셈의 법칙인 거지"

국력을 평가하는 것도 이와 똑같다고 할 수 있다. 물리적 역량 자체가 제로가 되기는 어렵다. 그렇다면 국력을 좌우하는 매우 중요한 요소는 리더십과 국민의 의지다. 이것이 제로가 되면 국력은 제로가 된다.

어떤 이들은 북한의 핵무기는 미국의 대북 체제위협 때문에 북한 스스로 자위적 차원에서 개발한 것이라는 북한 내재적 접근을 하는 경향이 짙다. 북한의 입장을 따르는 종북 논리다. 그들은 오히려 북한을 압박하고 체제위협을 가하는 미국이 문제라고 제기한다.

또 북한의 핵무기는 대미 압박용이지 남한을 공격하는 데 쓰일 대남용 무기가 아니라는 논리를 편다. 때문에 통일만 되면 우리 민족은 핵무기를 보유한 막강한 나라가 될 수 있다는 황당한 주장까지 한다.

정신적 역량을 좀 더 구체적으로 생각해 보자.

우선 국가전략은 있나? 남북관계에서 그리고 국제외교 무대에서 우리가 반드시 지켜야 할 핵심이익이 있나? 다른 국가들이 절대 침범해선 안 되는 레드라인을 설정하고 있는가? 대북정책의 단기·중기·장기적 목표는 존재하나?

국정원이든 어디든 가상 시나리오와 시뮬레이션을 만들어 놓고는 있다. 하지만 지금까지의 대북정책이나 대중·대미·대일 외교를 보면 제대로 만든 전략 내용이 있는지 의심하지 않을 수 없다.

이것은 진보정권이든 보수정권이든 마찬가지다.

더구나 문재인 정권에서는 남북대화 자체가 최종적인 목표인지 북한의 비핵화인지 분간할 수 없을 정도다. 북한의 인권에 대해서는 아예 관심조차 없다. 아니 관심이 없는 정도가 아니라 의도적으로 역행하고 있다는 느낌이다.

정신력과 의지도 마찬가지다.

대통령을 비롯해서 외교안보 책임자들이 묻지마 평화론자들이니 사회 전체가 느슨해지는 것은 당연한 처사다. 군부대도 작전과 전투력 강화보다는 인권과 병영문화 개선 등에만 관심을 갖는 면이 있다. 병사를 지휘하는 지휘관들도 병사뿐만 아니라 병사들의 부모와 직접 소통하며 병사를 지도·지휘하는 청소년 캠프의 안전요원으로 전락하고 있다. 지휘관들 스스로 적보다는 민원과 싸우고 있다고 실토한 바 있다.

어떤 부대는 유격 훈련할 때 장애물 건너기 물웅덩이에 물 대신, 어린이집 놀이터에 있는 볼풀을 담아 옷이 젖는 일이 없도록 한 사례도 있다.

최근에는 신병 훈련소에서 교관들이 훈련병 내무반에 들어가도 훈련병들이 일어나지 않고 누워서 시시덕거리며 떠든다고 교관들이 불평한다는 뉴스도 보도됐다.

청와대 행정관이 육군 참모총장을 커피숍으로 불러내 면담하는 일도 있었다. 일선 부대 사열식에서 민간 기업인을 부대 사령관 차에 태우고 병사들을 사열하게 하는 어처구니없는 일도 벌어졌다. 이러니 군사분계선에서 노크 귀순, 배수로를 이용해 남하한 배수로 귀순, 민간인 목선 귀순 등 군의 경계망이 여지없이 무너지는 상황이 끊이지 않고 발생하고 있는 것이다.

북한은 2021년 8차 노동당 대회에서 '강력한 국방력을 기반으로 통일 위업을 앞당긴다'는 내용의 노동당 규약을 발표했다. 참으로 무서운 말이다. 이젠 북한의 핵무기 특히 전술핵무기와 다탄두형 탄도미사일이 통일 위업을 달성하는 강력한 수단으로 사용될 수 있다는 것을 만천하에 공표한 것이다.

상상하기 싫지만 만약에 북한군이 우리 서해에 있는 유인도 섬을 기습적으로 침공해서 그 섬의 주민을 인질로 삼는다면 어떤 일이 벌어질까.

군통수권자인 대통령과 군 수뇌부는 어떻게 대응할까. 핵무기를 보유한 북한이 저지르는 도발에 모든 문제를 대화로 풀자고 하소연만 할 것인가.

북한이 서해 북방한계선 인근 '창린도'에 240mm방사포를 배치했다는 사실이 2021년 3월 23일 알려졌다. 창린도는 지난 2019년 11월 김정은이 직접 방문해 해안포 사격을 지시한 곳이다.

북한은 이보다 앞서 2016년 5월 연평도 인근의 갈도와 아리도에 화포와 레이더를 설치했다. 또한 2017년 5월 우리 섬 말도에서 약 9km 떨어진 함박도에 레이더와 1개 소대 병력을 배치했다. 무인도인 함박도에 군사시설을 배치한 사실은 2년 뒤인 2019년에야 세상에 알려졌다.

북한이 김정은 집권 이후 '서해 요새화'를 강화시키고 있다.

북한이 서해 섬들을 타깃으로 삼아 기습 침공 후 우리 주민을 인질로 삼는다는 시나리오는 근거 없는 소설이 아님을 보여주고 있다.

광화문에서는 북한 김정은 찬양 집회까지 열리고 있다. 김일성 회고록이 일반 서점에 깔리기 시작했다. 바깥세상의 정보가 북한으로 유입되는 것은 대한민국 법으로 막으면서 말이다.

상황이 이런데도 체제전쟁에서 우리가 이겼다고 할 수 있을까?

문재인 정부는 대한민국을 위기로 몰아넣는 가운데 정신승리에만 도취되어 있는 듯하다.

5

북한 김정은에 대한 심각한 오해와 낭설

북한 김정은이 열흘 정도만 북한 언론매체에 등장하지 않으면 '건강 이상설' '내부 쿠데타설'이 금방 퍼지는 것이 실상이다. 특히 강경 보수라 할 수 있는 유튜버들은 은밀한 첩보를 본인만이 아는 듯 자랑하며 근거 없는 주장들을 쏟아낸다. 그러다 여러 날이 지나서 김정은이 등장하면 앞서 쏟아낸 자신의 주장에 대해 아무런 설명이나 해명도 없다. 혹은 지금 등장한 김정은은 대역이며 과거 김정은과 귓바퀴의 선이 다르다는 등 끝까지 북한 지도체제에 대한 신비감만 증폭시키고 있다.

김정은 대역설은 말 그대로 억지 주장이다. 국내외 정보전문가들은 김정은의 영상자료를 면밀히 분석해 왔다. 그것은 일반인들이 추측하는 수준과는 차원이 다르다. 유난히 손동작이 많은 김정은 손바닥의 손금을 비교할 정도다. 손바닥의 굵은 선과 잔주름까지도 비교 분석이 가능하다. 미국의 정찰 자산은 더욱 정밀하다. 각종 무기류를 운반하는 차량의 타이어 지름 변화를 측정해 차량에 실린 무기의 변화와 무게까지 감지한다.

김정은이 서울 방문을 꺼리는 이유도 신변안전도 신경이 쓰이겠지만 머리카락이나 타액, 소변 등 생물학적 증거를 남길 수 있기 때문이다. 거기에는 모든 의학적 정보가 담겨 있다. 더구나 그런 정보는 북한 내에서도 극비사항인데 이런 정보가 역으로 북한 내에 흘러 들어간다면 부담스러울 것이다.

국정을 논하는 정치권도 북한 김정은 지도체제에 대해서 깊은 관찰과 정보 공유가 부족하다 보니 엉뚱한 해석을 내놓고 여론을 호도하곤 한다. 단편적인 정보보고만 믿고 대단한 정보인 양 발표하는 것을 보면 실소를 금할 수 없다.

지난 10월 말 국회 정보위원회가 끝난 직후 북한 김정은은 '수령'에 등극했다는 것이 확인됐다며 떠들썩했다. 김정은이 집권 10주년을 맞아 통치에 대한 자신감을 바탕으로 스스로 할아버지 반열에 '셀프' 추대했다는 것이다. 이것은 사실과 많이 동떨어진 해석이다.

김정은은 부친 김정일 사망 100일 추도 기간이 끝나고 열린 2012년 4월 4차 당 대회에서 당 중앙군사위원장으로 추대되었다. 2013년 6월에는 이미 '수령'으로서 '령도'하는 지도자 반열에 올랐다[김정은 호칭 변화의 배경과 의미 분석(국방논단, 2019, 7) 전재우, 한국국방연구원 안보전략연구센터]. 김정은은 당과 군대 등 책임 일군들 앞에서 "수령의 혁명사상을 유일한 지도적 지침으로 삼고 수령의 령도 밑에 혁명과 건설을 진전시켜 나가는…"이라는 연설을 직접 했다. 여기서 '수령의 혁명사상'은 김일성, 김정일을 지칭하며 '수령의 령도'는 김정은을 지칭하는 것으로 전문가들은 보고 있다. 이로부터 북한에서는 '수령의 유일적 영도체계'가 수립됐다는 표현이 널리 확산되기에 이르렀다. 게다가 김정은은 장차 자신의 유일한 지도체계에 걸림돌이 될 만한 장애를 모두 제거해 오고 있다. 고모부 장성택과 이복형 김정남을 잔인한 방법으로 죽였고, 친형 김정철도 기타나 치면서 음악 활동을 하는 일에만 국한하고 있다. 백두혈통인 '수령' 김정은을 제거할 만한 이유나 세력이 없는 상황에서 김여정 쿠데타설 등 남한에서 떠도는 각종 음모론은 정확한 대북 상황판단에 걸림돌이다.

북한에서 '집권 10년'은 별다른 의미가 없다. 수령 집권은 사망하기 전까지 계속 이어지는 종신집권이다. 집권한 지 10년이 되었으니 김정은이 홀로서기에 성공했고 수령으로 등극한다는 해석 자체가 넌센스다.

그래서 북한의 지도시스템을 잘 이해해야 한다. 북한 지도자 의중도 객관적으로 파악해야 한다. 흔히 북한 김정은이 핵 문제와 대남정책, 대외정책에서 이리저리 널뛰듯 변화무쌍해서 예측이 어렵다고 하지만 사실은 그 반대다. 오히려 북한의 정책은 일관성이 있다. 핵 무력을 완성해서 핵보유국 지위를 통해 북한의 '수령유일 지도체제'를 지속시키는 것이다. 또 남한의 친북 사회주의 세력과 연대해 통일전선전술을 실현하는 일이다. 상황과 여건이 무르익으면 북한식 사회주의 체제로 통일을 이뤄내는 것이 목표다. 이런 북한의 목표는 단 한 번도 변하지 않았다.

이리저리 냉탕과 온탕을 오가며 널뛰는 것은 우리의 대북정책이다. 보수정권에서는 북한에 대해서 오로지 '압박'과 '제재'만이 방법이라고 주장한다. 진보정권은 오직 '대화'와 '퍼주기'만이 평화를 지킬 수 있다고 주장한다. 그러니 북한 김정은 입장에서는 남한이 진보정권일 때는 무조건 많이 받아내려고 한다. 보수정권일 때는 국지적인 도발을 통해서 남남갈등과 긴장 상태를 부추겨 내부를 단속하고 지도이념을 확고히 하는 계기로 삼는 것이다.

이에 우리도 정권의 변화에 영향을 받지 않는 대북전문가들의 식견과 판단이 존중되는 시스템이 절실하다. 북한에 대한 일방적인 신비주의와 멸시주의는 북한에 계속 끌려가는 대북정책만 확대 재생산할 뿐이다.

제2부

"나는 남쪽 대통령입니다"

6. "나는 남쪽 대통령입니다"
7. 6·25전쟁에는 침략자가 없다?
8. 김여정의 독설이 러브레터인가!
9. 가짜 평화와 반(反)통일의 길을 가는 문 정권
10. 한국의 방송장비가 북한 미사일 부품?
11. 한반도 평화프로세스-선의로 포장된 지옥으로 가는 길
12. 북한 입맛에 맞는 문재인 '외교안보 4인방'
13. 육군 소위로 임명된 군견 헌트
14. '안보'는 안 보이고 '경계'는 찢어진 우산

6

"나는 남쪽 대통령입니다"

제주 4·3에 대해 남로당과 같은 생각?

문재인 대통령은 대한민국의 정체성에 대해서 어떤 생각을 하는 것일까? 6·25전쟁의 본질에 대해서는 또 어떤 개념을 가지고 있는 걸까?

놀랍게도 2017년 5월 취임 후 네 번의 현충일 기념사를 했지만 6·25전쟁을 언급할 때 '북한의 남침'이라는 표현은 그 어디에도 없다. 중국과 러시아가 지원했다는 내용도 빠져있다. 단순히 민족의 비극, 희생과 헌신이라는 용어만 썼을 뿐이다.

그러니 민족과 영토를 피로 물들인 6·25전쟁의 전범이라 할 수 있는 북한의 김원봉을 국군창설 뿌리의 한 사람으로 추켜세울 수 있는 것 아닌가. 6·25전쟁에서 나라를 구한 백선엽 장군의 장례식에는 참석하지 않으면서 말이다.

지난 2020년 72주년 제주 4·3 희생자 추념사에서 문 대통령은 "먼저 꿈을 꾸었다는 이유로 제주는 처참한 죽음을 맞았다. 통일 정부 수립이라는 간절한 요구는 이념의 덫으로 돌아왔다"고 했다.

올해 73주년에서는 "완전한 독립을 꿈꾸며 분단을 반대했다는 이유로, 당시 국가 권력은 제주도민에게 빨갱이, 폭동, 반란의 이름을 뒤집어씌워 무자비하게 탄압하고 죽음으로 몰고 갔습니다"라고 했다.

문 대통령은 세 번씩이나 직접 4·3 행사에 참석했지만 1948년 5·10 총선거를 반대해 폭동을 일으킨 남로당 실체에 대해서는 한 번도 언급하지 않았다.

문 대통령에게 4·3은 통일 정부 수립을 주장하면서 5·10 총선거를 무산시키려는 통일운동을 군과 경찰이 물리적으로 탄압한 국가폭력으로만 인식되고 있다. 이 같은 역사 인식은 당시 모든 제주의 희생자들도 남로당과 같은 입장이었다는 전제가 있어야 가능하다. 이것은 국가 권력에 의해 희생된 무고한 제주의 희생자들을 또다시 희생시키는 역사왜곡이다. 도대체 문 대통령의 4·3 인식이 남로당의 시각과 무슨 차이가 있는지 모르겠다.

올해는 최초로 국방부 장관과 경찰청장을 대동하고 군과 경찰의 진정성 있는 사죄의 마음을 제주도민들이 받아주길 바란다는 말까지 했다.

문재인 대통령은 제주 4·3이나 6·25전쟁에서 자유민주주의 가치를 반대하고 적화통일을 기도했던 조선공산당과 남로당의 폭거와 획책에 대해서는 아무런 가치판단이나 역사적 정의를 내리지 않고 있다.

대한민국은 어디 가고 '남쪽'만 남았을까?

문 대통령은 '분단극복', '하나 된 민족', '통일국가'의 개념은 늘 살아있는 개념이고 추구돼야 할 가치로 강조한다. 하지만 자유민주주의를 위협하고 인권을 유린하는 폐쇄된 북한 사회주의 체제에 대해서는 상당히 과묵한 편이다. 듣기에 따라서는 북 체제를 동조하는 듯한 발언까지 해 충격을 주고 있다.

2018년 9월 19일, 평양 능라도 5.1 경기장에 평양시민 15만 명이 모였다.북한 김정은으로부터 안내와 소개를 받은 문재인 대통령은 다음과 같이 연설했다.

"…남쪽 대통령으로서 김정은 국무위원장의 소개로 여러분에게 인사말을 하게 되니 그 감격을 말로 표현할 수 없습니다…(중략) 어려운 시절에도 민족의 자존심을 지키며 끝끝내 스스로 일어서고자 하는 불굴의 용기를 보았습니다.…(중략) 우리 민족은 강인합니다. 우리 민족은 평화를 사랑합니다. 우리 민족은 함께 살아야 합니다. (중략) 김정은 위원장과 나는 북과 남 8천만 겨레의 손을 굳게 잡고 새로운 조국을 만들어나갈 것입니다."

'남쪽 대통령'이라니, 이게 도대체 무슨 망언인가! 헌법과 자유민주주의를 기초로 건국된 대한민국의 대통령은 어디 가고 남쪽을 대표하는 남쪽 대통령이라니! 우리가 흔히 남과 북, 혹은 남한과 북한이라는 말을 사용하는 경우는 있다. 대한민국과 북한을 병렬적으로 함께 거론할 때 쓰는 표현이다. 하지만 남한의 대통령이나 남쪽의 대통령이라는 말을 쓰는 경우는 없다. 그 말이 성립하기 위해서는 북한의 대통령이나 북쪽의 대통령이 있어야 한다. 대통령은 대한민국 대통령, 혹은 한국의 대통령이어야 한다.

문재인 대통령은 대한민국은 북한과 하나가 되지 않으면 완전하지 않은 반쪽의 국체로 생각하는 것일까.

7, 80년대 운동권 시기엔 그런 인식이 강했다. 하나의 핏줄, 하나의 민족이 통일국가로 나가지 못했고 미군이 한반도에서 나가지 않는 한 해방은 미완의 해방이란 생각을 해왔다. 일제로부터 해방이 됐지만 진정한 해방은 아니란 주장이다. 대한민국 건국도 온전한 건국이 아닌 '남한 단독정부' 수립으로 격하한다. '남쪽 대통령'이라는 자기소개는 딱 그런 느낌이다. 더욱 심각한 것은 계속 이어지는 연설 내용이다.

"이번 방문에서 나는 평양의 놀라운 발전상을 보았습니다. 김정은 위원장과 북녘 동포들이 어떤 나라를 만들어나가고자 하는지 가슴 뜨겁게 보았습니다. 얼마나 민족 화해와 평화를 갈망하고 있는지 절실하게 확인했습니다. 어려운 시절에도 민족의 자존심을 지키며 끝끝내 스스로 일어서고자 하는 불굴의 용기를 보았습니다."

김정은 위원장과 북녘 동포들이 만들어나가고자 하는 나라가 어떤 나라인지 정말 문재인 대통령은 알고 한 말인지 모르고 한 말인지 놀랍다.

북한의 헌법과 노동당 당규는 아직도 사회주의와 사회주의를 기반으로 하는 민족통일을 포기하지 않고 있다. 2021년 1월 제8차 당 대회 때 개정된 당규약에는 다음과 같이 명시하고 있다.

"조선로동당의 당면목적은 공화국 북반부에서 부강하고 문명한 사회주의사회를 건설하며 전국적 범위에서 사회의 자주적이며 민주주의적인 발전을 실현하는데 있으며 최종목적은 인민의 리상이 완전히 실현된 공산주의 사회를 건설하는데 있다."

그렇다면 문재인 대통령은 북한이 만들어가고자 하는 사회주의와 최종목적인 공산주의 사회 건설에 동의라도 한다는 말인가?

위의 발췌된 노동당 규약을 잘 살펴볼 필요가 있다. '공화국 북반부'라는 표현이 있다. 북한은 오히려 한반도 전체를 자신들의 공화국이라고 여기면서 분단된 현재의 특수한 상황에서 북반부만 조선 인민민주주의 공화국으로 인식하는 것으로 해석된다. 마치 우리의 헌법이 한반도를 대한민국의 영토로 하는 것과 같은 논리다. 문 대통령은 대한민국이 아닌 남쪽 대통령이라고 스스로 소개했으니 북한의 의도대로 그저 남반부 지역을 대표하는 사람이 됐다.

"김정은 위원장과 나는 8천만 겨레의 손을 굳게 잡고 새로운 조국을 만들어나갈 것입니다. 우리 함께 새로운 미래로 나아갑시다"

여기서 김정은 위원장과 함께 만들어나가겠다는 '새로운 조국'은 도대체 어떤 조국인가. 자유민주주의인가 아니면 사회주의인가 아니면 반반씩 섞어 놓은 이상한 괴물 공화국인가?

이것은 단순한 말장난이나 대통령에 대한 힐난이 아니다. 통일된 조국의 정통성에 대한 심각한 질문이다. 앞으로 추구해야 할 통일국가의 정체성에 대한 물음이다.

이날 평양연설은 단 한 구절도 즉흥적으로 한 것이 없고 처음부터 끝까지 원고에 충실하면서 또렷하게 읽어 나간 모습이 영상에 고스란히 남아 있다.

'남쪽 대통령'도 '새로운 조국' 건설도 분위기에 취해 운동장에 모인 평양시민들을 위해서 했던 단순한 팬 서비스가 아니었다.

정말 문재인 대통령은 마음속으로 어떤 통일과 어떤 새로운 조국을 꿈꾸고 있는 것일까? 평양 연설문은 정말 우리 청와대에서 준비한 것이 맞는가? 아니면 북쪽에서라도 써준 것인가?

7

6·25전쟁에는 침략자가 없다?

북한군의 '남침'이 아니라 '남하'라고?

6월은 호국보훈의 달이다. 올해도 문재인 대통령은 국립서울현충원에서 열린 66회 현충일 행사에 참석해 그의 임기 마지막 추념사를 했다. 추념사는 한반도 평화와 번영, 한미회담의 성과 그리고 얼마 전 군에서의 성추행 사건과 부대 급식문제 등의 내용을 담았다.

문재인 대통령이 취임 후 지금까지 모두 5차례의 현충일 추념사를 했는데 어찌 된 영문인지 '6·25남침' 혹은 '6·25침략'에 대한 언급이 단 한 번도 없었다. 이것은 마치 어버이날에 어버이에 대해 말하지 않고 어린이날에 어린이에 대해 얘기하지 않는 것과 무엇이 다를까? 기이한 일이다.

그러다 보니 현충일에 보훈의 중요성을 강조하면서도 아직까지 단 한 번도 거론조차 되지 않은 분들이 있다. 바로 6·25전쟁 당시 북한에 억류된 국군포로, 그리고 민간인 납북자들이다. 문재인 대통령은 왜 6·25남침을 말하기 꺼려하고 국군포로와 민간인 납북자 문제에 대해 입을 닫고 있는 것일까?

문재인 대통령은 취임 이후 지금까지 모두 5번의 현충일을 맞이했다. 그때마다 국립서울현충원에 참석해 추념사를 했다. 올해는 특히 국가보훈처 창설 60주년이 되는 해다. 문 대통령은 "진정한 보훈은 애국심의 원천이다"라고 언급하면서 앞으로도 독립운동 사료 수집과 함께 국가유공자를 끝까지 찾아내 보훈하겠다고 약속했다.

이미 돌아가신 분들의 업적을 기리고 보훈하는 것도 중요하지만 북한에 억류됐던 국군포로들, 북한에 강제로 납치된 민간인 납북자들의 생사를 확인하는 일은 매우 중요한 일이다. 1953년 정전 당시 유엔군사령부가 집계한 국군포로는 8만 2천 명에 달한다. 그런데 포로 교환으로 돌아온 인원은 고작 8,300여 명뿐이다. 민간인 납북자는 8만에서 10만 명으로 추산되고 있다.

올해 현충일 추념사에서 대통령은 이렇게 말했다. "국가가 나와 나의 가족을 보살펴줄 것이라는 믿음이 있을 때 우리는 국가를 위해 몸을 바칠 수가 있습니다."

그렇다. 국가가 국민을 보살펴줄 것이라는 믿음이 필요하다. 그런데 지금 북한에 생존해 있는 국군포로, 민간인 납북자들에 대해선 대한민국과 대통령은 아무런 말이 없는 걸까. 바로 북한 김정은의 눈치를 보는 문재인 정부의 굴종적인 대북정책, 대북인식 때문이다.

문재인 대통령은 어떠한 상황에서도 남북문제는 대화로 풀어야 한다고 주장한다. 그러다 보니 북한과 대화를 위해 그들이 껄끄럽게 여기는 국군포로, 납북자 문제는 아예 입도 뻥긋 못하고 있다.

하지만 이런 식으로 눈치만 보면서 했던 남북회담 결과는 지금 어떻게 나타나고 있나. 북한이 개성의 남북공동연락사무소를 하루아침에 폭파하고, 대통령을 '삶은 소대가리' '특등 머저리' 운운하면서 비웃는 거 아닌가.

문재인 대통령의 다섯 차례 현충일 추념사에선 '6·25 남침'이라는 표현을 아예 찾을 수가 없다. 작년 현충일 추념사에서 딱 한 번 '북한군의 남하'라는 표현을 썼다. 아니 북한군의 남하라니… 북한군이 남쪽으로 그냥 산보를 나왔나? 아무리 김정은 눈치를 보는 정부지만 이런 굴종 관계는 처음이다.

'북한군의 남침'이라는 표현마저도 제대로 말하지 못하고 전쟁 도발이란 역사적 책임을 묻지 못하면 앞으로 어떤 일이 벌어지게 될까?

첫째, 6·25전쟁의 책임자가 없어진다. 훗날 전범의 책임을 물을 수 없다. 용서하고 싶어도 용서의 대상이 없어진다. 6·25전쟁은 역사 속에 남과 북의 쌍방과실이며 민족의 슬픈 사건으로만 기록되는 것이다.

전쟁을 일으키고 유대인을 학살한 나치 만행을 끝까지 찾아내 심판하는 유럽의 나치 전범재판소 정의실현과는 너무나 비교가 된다. 전범자들에 대해 철저하게 심판한 독일이 오히려 통일을 이룩했다는 것을 잊지 말아야 한다.

둘째, 문재인 정부가 그토록 목을 매고 있는 종전선언도 사실상 불가능하다. 전쟁이 언제 어떻게 시작됐는지에 대한 인식 없이 전쟁을 끝내자는 서명식만 한다? 22개 나라에서 참전한 유엔군은 왜 참전했고 돌아오지 못한 포로들과 실종자들 처리는 어떻게 되나? 이런 중요한 문제를 그냥 역사 속에 덮어두려는 시도는 역사적 퇴행이다.

셋째, 6·25전쟁은 미 제국주의의 침탈에 맞서는 민족해방전쟁이란 북한의 주장에 힘을 실어주게 된다. 김일성이 1949년부터 스탈린과 모택동을 비밀리에 접촉하면서 치밀하게 준비해 전격적으로 남침했다는 역사적 사실이 다시 은폐된다. 명백한 역사 왜곡이다.

넷째, 자국민을 보호하고 끝까지 책임진다는 국가 책임의 포기다. 지금 북한에 몇 명의 국군포로가 생존해 있는지도 모르면서 보훈의 책임을 다하는 국가라고 할 수 있나.

국군포로와 납북자를 위한 희망의 판결

문 정부의 이런 미온적인 태도와는 달리 법정에서는 희망적인 소식도 전해지고 있다. 지난 3월 김영수 서울중앙지법 민사 단독 판사는 의미 있는 판결을 내렸다. 6·25전쟁 납북자의 딸이 북한 김정은을 상대로 제기한 손해배상 청구소송에서 "피고인들은 원고에게 5,000만 원을 지급하라"며 원고 승소 판결을 했다.

물론 이 판결 내용이 실현되기 위해서는 현실적인 장애물이 있다. 하지만 이 판결문에서 "북한은 헌법 체계상 국가로 볼 수 없어 대한민국의 재판권 행사가 가능하다. 북한의 불법행위가 인정된다"고 밝혔기 때문에 앞으로 6·25 국군포로와 납북자 문제에 대한 법적인 접근의 실마리를 주고 있다.

지난해 7월에도 국군포로 한 모 씨와 노 모 씨는 북한과 김정은을 상대로 손해배상 청구소송에서 최초로 승소한 일이 있었다. 김영아 서울중앙지법 판사는 북한을 민법상 '비법인 사단'으로 판단해 위자료 지급 의무가 있다고 판결했다. 이런 것이 진정한 보훈이며, 역사 바로 세우기다.

이와 함께 매우 중요한 법안이 하나 있다. 일반인들에게는 많이 알려지지 않은 법안이다. 바로 '진실·화해를 위한 과거사정리 기본

법'이다. 일명 '과거사 정리법'이라고 한다.

이 법안 제 2조 5항에 따르면 "해방 이후 대한민국의 정통성을 부정하거나 대한민국을 적대시하는 세력에 의한 테러, 인권 유린과 폭력, 학살, 의문사 피해에 대해서는 진실을 규명한다"라고 돼 있다. 이와 함께 손해배상을 받을 수 있도록 정해 놓았다.

6·25전쟁 때 북한군에 의한 학살과 납치, 폭력에 대해 손해배상을 받을 수 있는 것이다. 전쟁 이후에도 남파 간첩이나 좌익무장 폭력세력으로 입은 피해를 배상받을 수 있다. 그런데 이 법은 지금까지 주로 진보진영에서 국군과 경찰의 공권력 행사 차원에서 일어났던 각종 민간인 피해자들에게 배상해 주기 위한 근거 법안으로 활용돼 온 것이 사실이다.

'진실·화해를 위한 과거사위원회' 김광동 상임위원은 "6·25를 전후해 인민군·빨치산에게 가족이 희생됐던 유족들이 보상을 받기 위해 '국군·경찰에 의해 죽었다'고 주장하는 사례가 속출하고 있다"며 우리 군·경에 의한 피해자에겐 수억 원대 보상을 하고, 적대 세력에 의한 피해자에 대해선 전혀 보상을 하지 않기 때문에 이런 정의에 반하는 일이 벌어지고 있다고 토론한 바 있다. 이 때문에 올해 10월까지 접수된 1만 852건의 피해 사례 가운데 가해자를 '군·경'으로 적시한 것이 6,930건(63.9%)으로, '적대 세력에 의한 피해 신청' 1,505건(13.9%)보다 5배나 많은 엉뚱한 일이 벌어지기도 했다(2021. 11. 12 조선일보).

실제로 위원회 홈페이지에는 피해자 유족들에게 '가해자를 특정하기 어려울 경우 국군·경찰로 기입해도 된다'는 취지의 안내를 하는 일까지 있어서 크게 논란을 일으킨 적이 있다.

앞으로는 6·25전쟁에서 북한군에 의한 피해, 좌익 단체들에 의한 피해를 떳떳하고 분명하게 밝힐 필요가 있다. 정부가 소극적이라면 시민단체와 정치권도 나서야 하고 적대 세력에 의한 피해를 보상해서 법의 원래 취지가 훼손되는 일이 없도록 해야 할 것이다.

소설《1984》의 작가인 조지 오웰은 "과거를 지배하는 자가 미래를 지배한다. 현재를 지배하는 자가 과거를 지배한다"고 말했다.

그렇다. 현재의 권력을 잡은 자들이 열심히 과거의 역사를 자신들 입맛에 맞게 재단하려고 애쓰는 이유다. 역사 바로 세우기라는 이름으로 또 때로는 적폐청산이라는 이름으로 자행되는 일들이다.

권력자들이 함부로 역사를 왜곡시키지 못하게 막아야 한다. 문재인 대통령도 진정한 보훈은 보훈처를 장관급 기구로 격상하고 예산을 늘리는 데만 있는 것이 아니다. 정부에 의해 진행되는 역사적 왜곡을 중단하고, 사실을 정면으로 직시해 희생한 국민 한 사람 한 사람을 기억할 때만 가능하다는 것을 알아야 한다. 6·25전쟁 때 북한에 억류된 국군포로와 민간인 납북자들의 진실이 밝혀지고 그분들과 가족들을 보훈하고 위로할 수 있는 날이 하루빨리 오기를 희망한다.

8

김여정의 독설이 러브레터인가!

캐나다 출신의 드니 빌뇌브 감독이 만든 〈컨택트(Contact)〉라는 영화가 있다. 외계 물체가 지구 여러 나라에 착륙해 인간과 소통하며 벌어지는 문제를 다룬 영화다. 외계 물체가 내는 소리를 파악하기 위해 언어학자, 과학자 그리고 여러 나라의 군과 정보기관이 나선다. 결국 외계 물체가 내는 소리가 '무기'라는 것을 알게 되지만 실질적 의미를 해석하는데 문제가 생긴다.

중국은 '전쟁'에 쓰이는 무기로 해석을 해 외계 물체를 군사적으로 공격할 준비를 한다. 하지만 언어학자인 주인공 루이스는 이것이 소통의 도구인 '언어'라는 것을 깨닫고 가까스로 외계 물체와 전쟁을 피하게 된다. 영화를 보면서 정말 공통의 언어 수단이 없다면 어떻게 소통할 것인가라는 절박한 상황을 떠올리게 됐다.

남북 간에는 공통 언어가 있지만 원활한 소통이 이루어지지 않고 있다. 전혀 다른 의도와 목적을 가지고 언어를 무기로 사용하고 있다. 북한은 핵무기만 개발해온 것이 아니라 수치심을 자극하고, 자존심을 훼손하는 극한의 언어를 개발해 대남용 공격 메시지로 사용해 오고 있다. 탈북자 출신의 태영호 의원은 북한은 공격용 메시지를 잘 구사할 수 있는 인재들을 미리부터 육성하고 능력에 따라 고위직에도 올라갈 수 있다고 한다. 이런 북한의 '성명서 폭탄'에 문재인 정권은 오히려 엉뚱한 해석을 내놓는다.

김정은 여동생 김여정은 2021년 3월, 정기 한미연합훈련을 비난하면서 말 폭탄으로 가득한 대남 담화문을 발표하였다.

김여정은 문 정부를 향해서 "태생적 바보", "판별 능력마저 상실한 떼떼(말더듬이)"라고 하면서 극도의 조롱을 퍼부었다.

그런데 김여정의 이 발언에 통일부는 "그간 낸 담화를 보면 김여정이 이번에도 훨씬 강경한 표현을 동원했을 수도 있는데 이 정도면 표현 수위를 꽤 조절한 편"이라고 평가했다. 대다수 국민은 어처구니없다는 반응을 보였다.

도대체 통일부가 가지고 있는 우리말의 표현 수위의 기준은 무엇인가.

지난해에 김여정이 써먹은 '삶은 소대가리'나 '특등 머저리' '미친개'라는 표현도 수위를 꽤 조절한 용어라 평가하는 것인가.

문 대통령의 복심이라는 윤건영 민주당 의원은 김여정의 "특등 머저리" 등이 포함된 대남 담화문에 대해서 "좀 더 과감하게 대화하자는 속내를 드러낸 것"이라는 인터뷰까지 했다. 대단한 언어심리학적 분석이다. 윤 의원은 "남북관계에 대해서는 큰 틀에서 불만 표시가 있었다. 약속이 이행되지 않는다 등이 있었지만 핵심은 대화의 여지를 열어두고 있는 것"이라고 덧붙였다.

이 정도 되면 영화 〈컨택트〉의 외계인이 보내는 신호를 자의적으로 해석하는 수준과 무엇이 다르겠는가. 완전히 서로 다른 언어체계와 감정 체계의 소통수준이다.

누가 남북 간에 대화가 필요하지 않다고 했는가. 전쟁 중에도 대화는 필요하다. 그러나 대남 담화문이 극도의 조롱과 적대적 욕설로 도배가 돼 있는데 이것을 '대화하자는 뜻'이라고 넓은 아량으로만 해석할 일인가.

대북 정책을 자존심만 가지고 할 수는 없다. 하지만 대한민국 정부와 국민을 싸잡아 비하하는 저질 담화문을 그냥 이해하고 넘기는 것은 또 다른 문제다. 북한의 언어폭력이 얼마나 야만스러운 행태이고 반인륜적인 처사인지를 깨닫게 해야 한다.

이인영 통일부 장관처럼 "하늘에서 폭탄이 떨어져도 평화를 외치는 것이 더 정의로울 수 있다"는 생각은 무모하면서도 매우 위험하다. 자칫 북한의 군사적 도발을 용인하고 오직 '평화'와 '대화'를 주장하는 것으로 받아들여질 수 있다. 그것은 586 친북 운동권이 가지고 있는 이상적 평화주의와 종북적 민족주의의 외침일 뿐이다. 그것은 정의롭지도 않고 평화를 지켜낼 수 있는 전략과도 거리가 멀다.

북한은 과거에도 줄곧 대남 담화문 발표와 대미 성명서에서 비난과 조롱이 섞인 용어를 많이 사용했다.

버락 오바마 미국 대통령을 "아프리카 원숭이"라 비난했고 트럼프 미국 대통령을 "늙다리 미치광이"라고 표현하기도 했다. 박근혜 전 대통령은 "시집 못 간 노처녀"라고 하는 등 입에 담기 어려운 인신공격을 일삼았다.

특이한 것은 북한 최고 권력자 김정은의 여동생 김여정이 조선노동당 조직 지도부 제1부부장을 맡으면서 지난해 초부터 대남 담화문을 발표하면서 대남정책을 지휘하는 모습을 보인다는 점이다.

대북 전단 살포에 대한 김여정의 강도 높은 비난과 중단하라는 법적 요구는 결국 대북 전단 살포를 금지하는 법 제정으로 결론이 났다. 김여정의 요구에 우리 국회가 반인륜적 법을 제정했다는 비난을 면키 어렵게 됐다.

김여정은 북한의 군사행동에 대해 '도발'이라는 표현을 쓴 문재인 대통령에 대해서도 '주의'를 줬다. 문재인 대통령은 2021년 9월 15일 우리나라가 독자 개발한 잠수함발사탄도미사일(SLBM) 발사시험을 참관한 후 "우리의 미사일 전력 증강이야말로 북한의 '도발'에 대한 확실한 억지력이 될 수 있다"고 했다. 당시 김여정은 '도발'이라는 표현을 두고 불만을 터뜨렸다.

9월 25일 발표한 김여정의 담화문을 보면 "우리를 향해 함부로 '도발'이라는 막돼먹은 평을 하며 북남 간 설전을 유도하지 말아야 한다"고 지적했다. 북한의 무기 시험 등 군사 활동에 대해서 비판이나 토를 달지 말라는 취지다.

이번에도 김여정의 대남 경고는 약발이 먹혔다. 지난 2021년 10월 19일 북한은 한미일 정보수장이 만나는 날 신형 SLBM 발사실험을 단행했다. 이것은 명백하게 유엔 결의안을 위배했는데도 문재인 정권의 외교 안보 수장들은 '도발'이라는 표현을 쓰지 않았다. 서욱 국방부 장관은 국정감사에서 '도발'이 아닌 '위협'이라고 답변했다. 정의용 외교부 장관도 "전략적 도발은 아니다"라고 말했다. 김여정의 한마디가 이렇게 외교 안보 수장들의 발언에도 큰 영향을 미치는 상황을 보면 정말 어처구니가 없다. 같은 날 미국 유엔대사는 안보리 비공개회의 직전에 "북은 추가 도발(provocation)을 자제하라"고 경고했다. 성 김 국무부 대북특별대표도 방한 중에 "북한이 지난 6주 동안 탄도미사일을 비롯해 한반도 평화에 반하는 행위를 여러 차례 했다. 북한이 이런 '도발'과 정세를 불안정하게 하는 행위를 멈추고 대화에 임해야 한다"고 말했다.

문재인 정부는 북한에 대한 내재적 접근법을 포기해야 한다.

북한이 우리 세금 200억 원 넘게 들어간 개성 남북공동연락사무소를 폭파해 날려버려도 항의 한 번 제대로 못 하고 '평화'와 '정의' '대화'를 외치는 것은 정말 바보 같은 짓이다. 김여정이 한마디

한다고 통일부와 국회가 나서서 '대북 전단 살포금지법'을 만들고 북한의 '도발'을 '도발'이라 말하지 못하는 상황은 정말 갈 데까지 간 거다.

북한의 계속되는 도발과 언어폭력을 선의로만 해석한다면 나중에는 남과 북이 동등한 관계에서 의사소통하는 일이 아예 불가능해진다. 언어는 소통의 수단이면서 관계이기 때문이다.

9

가짜 평화와 반(反)통일의 길을 가는 문 정권

"미얀마의 경우처럼 군복을 입은 사람에 의해 자유와 민주주의가 위협을 받을 때는 그 위협을 인식하기가 쉽다. 하지만 민주화 투사의 망토를 입은 사람들에 의해 선동됐을 때는 그 위협을 찾아내고 예견하기가 훨씬 더 어렵다."

이인호 전 주러시아 대사가 2021년 4월 15일 미 의회 산하 톰 랜토스 인권위원회에서 했던 증언의 일부다. 586 친북 운동권이 주축인 문 정권이 민주주의와 인권을 파괴하는 행태를 꼬집은 날카로운 증언이다.

톰 랜토스 인권위원회는 한국 정부가 발효한 '대북 전단 금지법'의 표현의 자유 침해 등 인권문제를 다루기 위해서 청문회를 개최했다. 이에 우리 통일부는 '이 위원회는 의결권이 없는 정책 연구모임에 가깝다'라면서 톰 랜토스 위원회 자체를 평가 절하했다. 하지만 이 위원회는 정책 연구모임인 '코커스(Caucas)'보다 단계가 높은 위원회로 미국 의회 내의 초당적 인권기구다.

바이든 행정부가 들어서자마자 이 위원회가 한국 정부의 인권 정책을 다루면서 인권 변호사 출신의 문재인 대통령과 한국은 인권의 가치를 훼손하는 나라라는 비판을 받게 되었다.

어쩌다가 이 지경까지 이르렀을까.

인권 변호사 출신 문재인 정권은 법치와 정의, 그리고 인권이라는 촛불혁명 정신을 강조하며 출범했다. 북한 핵 문제를 해결하는 것도 대화를 통한 평화적 해결만이 유일한 길임을 여러 차례 천명해왔다.

그러다 보니 남북대화, 특히 남북 정상회담 자체가 목적이 돼버렸다. 대화 상대인 북한 김정은 심기를 불편하게 만드는 어떤 일도, 어떤 말도 할 수 없게 됐다.

김여정은 지난해 6월 '남한 정부가 대북 전단 살포를 저지하지 않을 시 개성공단 완전 철거나 남북공동연락사무소 폐쇄, 남북 군사합의 파기까지 고려할 수 있다'고 경고했다. 이런 김여정의 불호령에 통일부는 4시간 반 만에 "판문점 선언 이후부터 대북 전단 살포 등 행위를 금지하는 법률안을 준비하고 있다"고 친절하게 답변했다. 대한민국 국회는 대북전단 금지법을 통과시켰지만 개성 남북공동연락사무소 폭파는 되돌릴 수 없게 됐다.

북한이 원하는 대로 다해주고도 국제적으로 망신을 당했다. 이게 단순히 망신이나 품격의 문제인가.

결국 문재인 정권이 추구하는 통일의 목적이 무엇인지 의심하지 않을 수 없다. 통일의 목적은 노예처럼 살아가고 있는 북한 주민들에게 인간적인 기본권을 회복시켜주는 것 아닌가. 북한 주민들의 표현의 자유, 종교의 자유, 거주 이전의 자유를 실현하는 일이다. 이를 위해선 먼저 바깥 자유세상의 정보 제공이 필수적이다. 정부가 이를 틀어막으면서 어떤 통일과 평화를 외치는 것인지 정말 모를 일이다. 대북 전단 금지법은 '북한체제 수호법'임에 다름이 아니다. 문 정권은 반인권 반통일의 길을 가고 있다.

〈시네 폴슨 UN인권사무소 소장과의 면담(2018. 3. 16)〉

북한인권법도 오랫동안 논란이 돼오던 것을 2014년 11월 외교관 출신의 심윤조 의원이 주도해 새누리당의 의견을 모았고 필자의 이름으로 대표 발의해 지난 2016년 3월 여야합의로 통과됐다. 하지만 그 이후 민주당의 비협조로 가장 중요한 핵심인 북한 인권 재단도 설립하지 못하고 있다. 북한 인권기록센터는 주민의 인권 실태를 조사하고 보고서를 발간해야 하지만 지금까지 단 한 장의 보고서도 발간된 바 없다. 북한인권법 제9조에 명시된 북한인권 대사도 임명하지 않았다.

나는 2015년 11월 서울에 있는 UN북한인권사무소를 방문해 마르주끼 다루스만(Marzuki Darusman) 북한인권 특별보고관과 북한인권에 대해 대화를 나눈 적이 있다. 다루스만은 "북한 내에 정치범 수용소 5개가 운영되고 있으며, 최소 8만에서 12만 명의 정치범이 수용 중이다. 통일은 인권을 기본으로 해야 하며, 인권침해에 대한 책임성 문제가 중요한 요소"라고 강조했다.

2018년 3월에도 다시 인권사무소를 재차 방문해 시네 폴슨(Signe Poulsen) 사무소장을 만나 북한인권 문제에 대해 얘기를 나눴다. 시네 폴슨 소장은 "현재 북한의 인권 상황이 나아진 것 같지 않습니다. 지금 중요한 것은 남북이 현재 대화가 진행되고 있기 때문에 북한 인권이 의제에 포함되도록 노력해야 합니다. 대화 시작단계에서부터 북한 인권을 반드시 포함해야 할 것입니다"라고 말했다. 그러나 역사적 만남이라고 하는 그 화려한 남북 정상회담 이벤트에 '북한인권'이라는 말은 단 한 번도 등장하지 않았다. 정말 부끄러운 일이다. 나는 시네 폴슨 사무소장에게 내가 직접 조사한 '북한 이탈주민 탈북 및 정착과정 설문조사' 결과를 전달해주고 ‘북한의 정상국가화’만이 의미 있는 통일을 가져올 것이라고 강조하면서 문을 나섰다.

〈UN북한인권사무소 방문, 마르주끼 다루스만 북한인권특별보고관(가운데)과 시네 폴슨 소장(왼쪽)과 함께(2015. 11. 26)〉

47개 회원국으로 구성된 유엔 인권이사회는 지난 3월(2021. 3) 유엔 제네바 사무소에서 열린 제46차 회의에서 북한 인권결의안을 표결 없이 합의(컨센서스)로 결의했다. 한국은 유럽연합(EU)이 제출한 이번 결의안의 공동제안국 명단에서 제외됐다. 한국이 공동제안국에서 빠진 것은 2019년과 2020년에 이어 이번이 세 번째다.

북한인권에 대해 신경 쓰지 않는 문재인 정권은 우리 국내에 있는 탈북자들의 생존과 인권문제에도 무감각해 보인다.

전 국민이 살 빼느라고 애를 쓰고 있고 하루 음식물이 수만 톤씩 쓰레기로 남아도는 나라에서 2019년 젊은 탈북자 엄마와 장애를 앓던 6살 아들이 서울 한복판 아파트에서 굶어 죽는 일이 일어났다. 냉장고에는 고춧가루 외엔 아무것도 없었다. 통장 잔고는 0원이었다. 일부 탈북자 단체가 광화문에서 빈소를 차리고 장례를 치렀지만 통일부는 물론 여권의 인사는 단 한 사람 얼굴을 비치지 않았다.

탈북한 북한 선원 두 명의 눈을 가리고 포박한 채 판문점을 통해 다시 북한으로 추방해 세계를 경악시킨 일도 있다. 테러를 주제로 하는 호러 영화에서나 볼 수 있는 장면이 21세기 대한민국에서 벌어진 것이다.

과거 민주화와 인권운동의 선봉에 섰다고 자부하는 세력들이 주축이 된 문재인 정권의 민낯이다. 문 정권은 '사람이 먼저다' 같은 감성적인 구호만 앞세우고 있지만 북한 주민의 인권을 철저히 외면하는 자신들의 위선에 부끄러움을 느껴야 한다.

남북 정상회담을 세 번씩이나 하면서 인권문제를 전혀 꺼낼 수조차 없다면 그것은 정상적인 남북대회가 될 수 없다. 북한 비핵화도 달성되지 않을뿐더러 북한을 조금이라도 변화시킬 어떤 계기도 만들 수 없다. 부드럽고 화기애애한 맹탕 대화가 아니라 북한을 개방하고 개혁하기 위해 북한의 인권개선을 요구할 수 있어야 한다.

과거 우리나라의 인권개선도 휴먼 라이츠(Human Rights)나 국제엠네스티(Amnesty International) 등 세계 인권기구들이 끊임없이 종용한데 힘입은 바가 크다는 것을 명심해야 한다. 인류의 가장 보편적이면서 기본가치인 인권은 북한 정권의 입장에서 내재적으로 접근할 문제가 아니다.

유난히 사람을 강조하고 인권을 추구한다는 문재인 정권이다. 정작 북한 인권에 대해서는 귀를 막고 눈 감는 것은 사이비 평화 정권, 가짜 통일 정권이라는 것을 증명해 줄 뿐이다.

10

한국의 방송장비가 북한 미사일 부품?

북한이 쏘아 올린 미사일에 우리나라 방송국의 방송 장비·부품들이 사용됐다면 믿을 수 있을까. 이것이 사실이라면 그 자체로 매우 충격적인 일이다.

지난 2014년 유엔 안보리 산하 북한제재위원회가 아주 놀라운 보고서를 하나 발표했다. 보고서에 따르면 북한이 2012년 12월 발사한 장거리 로켓 은하 3호에 한국산 반도체가 사용됐다는 것이다.

안보리 산하 북한제재위원회 전문가들은 북한이 발사한 은하 3호의 잔해 가운데 14개 품목을 공개했다. 14개 품목을 자세히 살펴본 결과 6개 나라들에서 만들어진 부품들이 사용된 것을 확인할 수 있었다.

〈유엔안보리 북한제재위원회 '2014년 보고서'〉

그 여섯 개 나라는 구소련, 영국, 미국, 스위스, 중국, 한국으로 드러났다. 결국 북한은 이들 나라로부터 어찌어찌해서 흘러 들어간 여러 소재와 부품을 조립해서 미사일을 만들었다. 이 부품 가운데 매우 중요한 구성 요소인 SD램 즉 초고속 반도체 메모리 칩 두 개가 발견됐다.

이 가운데 하나는 우리나라 기업에 의해 2003년부터 2010년 사이 생산된 것으로 분석됐다. 그런데 식별 정보가 불충분해서 정확하게 어떤 공장에서 만든 것인지 어떤 제품인지 하는 것은 더 이상 추적할 수 없다고 전문가 패널들은 밝혔다.

전문가 패널들은 "북한은 주체사상에도 불구하고 자체 생산력에는 한계가 있고 미사일 제조와 발사를 위해서는 해외에서 들여온 부품들을 조립할 수 있는 능력을 보여준다"고 평가했다.

북한의 조립능력은 대단하다. 북한의 신형 미사일 중 KN23호가 있다. 이 미사일은 미사일 방어시스템으로도 잡기 어려운 러시아 이스칸데르 미사일을 개조한 것으로 알려지고 있다. 북한은 해킹이든 뭐든 수단 방법을 가리지 않고 외국의 전략무기 기술과 재료들을 들여와 무엇이든지 만들어내는 기술이 있다.

여기서 의문점이 생긴다. 과연 장거리 미사일 은하 3호에는 우리나라 기업이 만든 SD램, 반도체 부품이 어떻게 북한으로 흘러들어가 미사일 부품으로 활용됐을까 하는 점이다.

사실 반도체 소재가 들어있는 물품들은 그동안 북한에 수없이 흘러 들어갔다. 2000년대 초반 '우리민족서로돕기'라는 시민단체는 대대적으로 북한 어린이 정보화 교육을 위해 북한 어린이들에게 PC 보내기 캠페인도 벌였다.

나와 18대 국회 국방위원회에서 함께 활동했던 김동성 의원은 2009년 이 문제에 관심을 가지고 상임위에서 이런 발언을 했다.

"지난 10년 동안 (김대중과 노무현 정부…) 북한에 3,000대 이상의 펜티엄급 PC를 지원하고, IT 인력 양성을 위해 노력한 것은 북한 해커부대를 양성시킨 꼴이 됐다."

그렇게 북으로 넘어간 컴퓨터의 주요 반도체 부품들이 탄도미사일, SLBM 같은 대량 살상무기의 부품으로도 사용될 수 있다는 점이다. 2014년 유엔 안보리 대북제재위원회의 보고서에 근거하면 이런 추론은 매우 설득력이 있다. 더 관심이 가는 건 첨단 미사일 시스템 경우에는 북에 지원된 우리나라 방송장비들이 긴요하게 활용될 수도 있다는 사실이다.

북한은 김정은 시대에 들어와 미사일 발사시험을 2019년까지 53회(ICBM 3회, SLBM 3회, 중·단거리 미사일 44회)나 단행했다. 김정일 시대의 미사일 발사 횟수 16회를 훨씬 압도한 횟수다.

〈해군이 수거한 북한 은하3호 로켓 잔해〉

그런데 미사일 시험에 있어 중요한 것 중 하나가 비행하고 있는 발사체에 대한 정보를 지상에서 수신하고 분석하는 일이다. 이때 방송 장비가 활용될 수도 있다는 것이 전략무기 최고 전문가의 견해다.

전 국방과학연구소 소장은 "텔레메트리라는 것은… 방송장비가 들어갔다면 활용될 수도 있다는 겁니다"라고 말했다.

요약하면 비행하는 미사일이 보내는 여러 신호와 정보를 분석하는 일에 방송 장비가 활용될 가능성도 충분히 있다는 분석이다. 그래서일까, 북한은 지금까지 줄곧 우리나라 방송국의 방송장비를 탐내왔다.

방송개혁시민연대가 2013년에 발간한 책에 따르면 "지난 1988년 이후 2007년까지 방송 3사는 다양한 명분으로 중계차를 갖고 들어가 생중계를 했으며 그때마다 쓸 수 없는 방송 장비라면서 북한에 두고 내려왔다는 의혹이 제기되었다"고 제기했다.

실제로 2003년 10월에는 닷새 동안 평양에서 대규모 남북방송인 토론회와 교류 행사가 있었다. 당시 우리 방송사 대표들은 평양에 있는 조선중앙TV 청사에 우리 측에서 제공한 방송장비들을 설치해주고 돌아왔다. 그 방송 장비들은 사전에 인천항에서 남포항까지 배로 수송해간 방송제작과 편집 장비, 송출 장비 등이다.

2000년대 초 남북이 공동으로 역사드라마를 제작할 당시에도 우리 방송사 측은 방송 장비, 카메라, 편집기 등을 북한에 현물로 지원했는데 액수가 140만 달러였다고 언론은 보도한 바 있다.

남북의 방송 교류는 앞으로 통일로 가는 길목에서 반드시 필요한 일이다. 그러나 우리의 방송 장비가 북한의 탄도미사일이나 SLBM을 만드는 데 활용될 수도 있다면 방송 장비의 북한 반입은 매우 신중해야 할 문제다.

박대출 국민의힘 의원은 KBS가 평양에 방송지국을 설립하기 위한 계획을 세웠다면서 관련 문건을 공개한 바 있다. 그 보도는 매우 위험한 소식이다. KBS 측은 북한에 대한 소식을 보다 객관적으로 보도하기 위해서라고 하지만 개성공단처럼 만약의 상황에서 평양에 있는 KBS 방송국이 갑자기 폐쇄 조치된다면 무슨 일이 벌어지겠는가.

먼저 그 방송국에서 일하는 우리의 국민들은 인질이 될 수 있다. 또 방송 중계차와 카메라, SNG위성방송 장비들은 북한이 몰수해 마음대로 사용하지 않겠나. 개성공단에 있는 장비처럼 말이다. 북한은 남북교류의 상징인 개성의 남북공동연락사무소도 하루아침에 잿더미로 만드는데 방송국 지사 정도는 접수하고도 남을 것이다.

지난 2018년 자유민주국민연합·대북전략물자감시네트워크는 성명서를 발표한 바 있다.

"지금 대다수 국민들은 김대중·노무현 정권에서 북한의 방송을 지원한다는 명분으로 방송중계차는 물론 많은 방송 장비들이 북한으로 넘어갔다는 사실을 모르고 있다. 그 이유는 이러한 일들이 아주 은밀하게 이루어졌으며 치밀하게 증거를 은폐했기 때문이다."

관련자들은 지금까지 북한으로 들어간 방송중계차는 10대가 넘는다고 의혹을 제기하고 있다. 지금까지 북한에 보내진 우리 측 방송장비는 어떤 것인지, 장비들은 어떻게 활용되고 있는지 밝혀야 한다. 북한은 우리와 방송 송출 방식이 완전히 다르기 때문에 그런 장비가 제대로 방송장비로 활용이 되고 있는지도 의문이다.

지금 국내에서는 많은 과거사진상조사위원회를 만들어 과거에 있었던 일들을 샅샅이 조사하고 있다. 북한에 대한 방송장비 유출 의혹도 사실관계를 밝혀 북한의 미사일 개발에 이용되는지 진실을 밝히는 것이 시급하다. 그것이야말로 대북 교류의 원칙과 신뢰를 유지하는 바람직한 남북 방송 교류의 첫걸음이 될 것이다.

11

한반도 평화프로세스-선의로 포장된 지옥으로 가는 길

2017년 7월 6일 문재인 대통령은 취임한 지 두 달 만에 독일 베를린 알테스 슈타트하우스(Altes Stadhaus)에서 대북정책과 한반도평화 구상의 주요 내용을 발표했다. 이른바 '신베를린 선언'이다. 2000년 김대중 대통령의 '베를린 선언'과 비교해 '신'자가 붙었다. '신베를린 선언'은 이후 문재인 정부의 한반도평화 프로세스의 기본방향이자 원칙이 되었다.

문 대통령의 '신베를린 선언'의 일부 내용을 살펴보자.

"나는 이 자리에서 분명히 말합니다. 우리는 북한의 붕괴를 바라지 않으며, 어떤 형태의 흡수통일도 추진하지 않을 것입니다. 우리는 인위적인 통일을 추구하지도 않을 것입니다. 통일은 쌍방이 공존공영하면서 민족공동체를 회복해 나가는 과정입니다. 통일은 평화가 정착되면 언젠가 남북 간 합의에 의해 자연스럽게 이루어질 일입니다. 나와 우리 정부가 실현하고자 하는 것은 오직 평화입니다.”

얼핏 들으면 맞는 말 같다. 평화를 반대할 사람이 누가 있겠는가? 또 북한이 우려하는 체제위협을 가할 생각이 추호도 없으며 남북 간에는 평화가 정착되면 통일은 언젠가 평화적으로 달성된다는 것이다.

하지만 틀렸다. 틀렸을 뿐만 아니라 매우 위험한 생각이다. 핵무기를 고도화해 가는 북한의 현실과 자유민주주의를 기반으로 하는 우리 헌법이 추구하는 통일의 정신과도 너무나 거리가 먼 내용이다.

우선, 문재인 대통령 머릿속에서 그리는 통일은 도대체 어떤 통일일까.

위 연설의 내용처럼 북한이 3대 세습 지배체제를 그대로 유지한 채 어떠한 이념이나 가치의 변화도 없이 대한민국과 평화적으로 통일이 될 수 있을까.

‘공존공영하면서 민족공동체를 회복해가는 통일’의 내용은 북한이 그동안 주장해온 연방제 통일 방안 말고는 없을 것이다.

그럼 연방제 통일 방안은 왜 위험한 것일까. 사실 북한의 연방제 통일 방안을 비판하고 경계하는 보수우파조차도 그 내용을 제대로 파악하고 있는 경우가 많지 않다.

북한이 주장하는 연방제 통일 방안의 핵심내용은 ‘1민족·1국가-2체제·2정부'라고 할 수 있다. 즉 남과 북 양쪽의 지역 정부가 내정을 각각 맡고 외교와 국방은 중앙정부가 맡는 것이다. 이 방안에서 제시하고 있는 연방정부의 구성 원칙은 남과 북이 사상과 이념, 제도를 그대로 인정하면서 남과 북이 동등한 권한과 의무를 가지고 민족통일 연방정부를 세우게 된다.

연방 국가의 기구로는 남과 북 동수의 대표와 적당한 수의 해외 동포 대표로 '최고민족 연방 회의(연방의회)'를 구성하고 그 상임 기구로 '연방 상설위원회'를 조직하여 외교 안보, 국방, 정치 등 연방 국가의 전반적인 사업을 수행하도록 한다는 것이다[《통일문제이해(統一問題理解)》, 통일부 통일교육원, 2009].

1990년대 이후 북한은 '느슨한 형태의 연방정부'로 바꿔 말하지만 기본 내용은 크게 달라진 것이 없다.

한마디로 연방제 통일 방안은 지금 북한 주민을 억누르고 있는 폭압 체제와 이념을 그대로 유지한 채 북한과 연방 국가를 이루는 통일이기 때문에 그 자체로서 반인권, 반민족적이다.

게다가 흡수통일의 노력을 하지 않겠다는 선언은 매우 비현실적이다. 문재인 대통령이 부러워하는 독일 통일은 완벽한 흡수통일 방식이다. 서독의 자유민주주의 이념과 체제로 동독이 흡수된 것이다. 서독의 자유민주주의와 동독의 사회주의가 적당히 섞인 절충이 아니다.

통일을 위한 노력도 마찬가지다. 그것은 저절로 되는 것이 아니라 끊임없는 북한의 인권개선 노력, 비핵화 노력, 국제사회의 지원 등이 합쳐져야 가능한 일이다.

우리 헌법 제4조에도 '대한민국은 통일을 지향하며, 자유민주적 기초질서에 입각한 평화적 통일정책을 수립하고 이를 추진한다'고 명시하고 있다.

문 대통령의 연설대로라면 북한이 경계하고 반대하는 자유민주주의에 입각한 통일이 아니다. 위헌적 발상이다.

물론 대통령으로서 드러내놓고 북한에 대해서 흡수통일을 주장할 수는 없다. 하지만 지금의 반인권적 세습 독재체제를 그대로 용인하면서 북한이 원하는 연방제 통일국가를 연상시키는 통일방안을 주창한다는 것은 이해할 수 없다.

북한은 지난 1월 8차 노동당 대회가 열리는 동안 북한의 헌법보다도 상위개념인 당규약을 개정했다. 개정된 내용에는 "강력한 국방력으로 조국 통일의 역사적 위업을 앞당길 것"이라는 내용도 포함됐다.

북한의 이런 무력 적화통일의 기본 전략에 맞서서 '오직 평화'만을 외치는 문재인 정부의 대북 전략은 과연 현실성과 가능성이 있을까.

1980년대와 90년대 초 유럽에서는 노벨 경제학상 수상자인 프리드리히 하이에크의 《노예의 길》이라는 책이 선풍적으로 널리 읽혔다. 이 책은 인간의 기본 욕구인 자유와 이를 기반으로 하는 경쟁의 논리를 배제한 사회주의 계획경제는 실패할 수밖에 없다는 것이 주요 골자다. 이 책이 쓰여진 것은 제2차 세계대전이 한창이던 1943년이다. 결국 하이에크의 예언대로 1989년 구소련을 비롯한 서구 공산권 국가들은 붕괴하기 시작했다.

그런데 1980년대 중후반 우리나라 대학가를 중심으로 하는 운동권에서는 '구국의 강철대오'를 표어로 오로지 '민족 통일'과 '미국놈들 몰아내자'는 NL주사파의 주장이 널리 확산되었다.

종북 주사파처럼 북한의 혁명 기본 전략과 목표를 선의로만 받아들이고 오로지 '민족'과 '평화'라는 추상적 개념에 매몰된 채 돌진한다면 그것은 하이에크 말대로 '선의로 포장된 지옥'으로 가는 길일 것이다.

12

북한 입맛에 맞는 문재인 '외교안보 4인방'

북한 비핵화 의지의 수호천사 정의용

"Actions speak louder than words"

말보다는 행동이 중요하다는 서양 속담이다. 3년 전 세상을 떠난 베트남 전쟁 영웅이자 미 상원의원이었던 존 매케인이 나에게 한 말이다. 외교 안보문제에서는 "상대방의 말보다는 행동을 보고 판단해야 한다"며 "북한 핵 문제 접근에서도 그래야 한다"고 강조했다.

북한의 핵 문제를 포함해 외교 안보 정책에 있어서 문 정권은 북한의 행동보다는 말을 기준으로 삼았다. 지금까지 결과는 처참하다. 세 차례 남북정상회담을 하면서 냉면도 먹고 판문점 도보다리에서 산책도 했지만 남북공동연락사무소는 하루아침에 폭파됐다. 우리 공무원은 서해 앞바다에서 북한군에 의해 피살되고 불태워졌다. 남북통신선은 북한 마음대로 이어졌다 끊겼다를 반복하고 있다. 북한의 핵시설이 재가동되고 있다는 뉴스가 외신을 통해 보도되고 있다. 도대체 왜 이런 일들이 연속해서 벌어지고 있는 것일까. 문 정권의 외교 안보 정책을 책임지고 있는 인사들을 살펴보자.

2018년 3월 정의용 당시 국가안보실장(현 외교부장관)은 대통령 방북 특사로 북한의 김정은을 만나고 돌아와 방북 결과를 발표했다. 정 실장은 4월에 남북정상회담을 개최하기로 했다는 내용과 함께 북측은 한반도 비핵화 의지를 분명히 했다고 말했다. '북한에 대한 군사적 위협이 해소되고 북한의 체제 안전이 보장된다면'이라는 조건을 뒤에 붙이기는 했지만 역시 방점은 북한의 비핵화 의지를 외부로 대변했다고 봐야 한다.

정의용 실장의 방북에서 시작된 2018년 4·27 판문점 선언과 9·19 평양 선언 및 남북군사합의는 결국에는 북한으로부터 '삶은 소대가리'라는 치욕적인 욕을 들으며 끝이 났다. 정의용 현 외교부장관은 지금도 미국과 국제무대를 오가면서 북한의 비핵화 의지를 강조하면서 대북제재 완화를 위해서 동분서주해 왔다. 이제는 당면과제로 '종전선언'이란 목표를 위해 뛰고 있다.

'우리민족끼리' 민족주의자 이인영

남북경협과 평화 뉴딜의 전도사인 전대협 1기 의장 출신 이인영 통일부 장관은 어떤 인물인가. 아직도 '민족은 하나' '가자 북으로, 오라 남으로' 식의 종족 민족주의에서 헤매고 있는 것 같다. 우리 국민도 백신이 부족한데 북한에 백신을 보내자는 제안을 하는 등 북한이 핵무장을 하든 미사일 실험을 하든 퍼주기 자선단체 수준의 대북정책에서 벗어나지 못하고 있다. 폭압적인 3대 세습체제에서 고통받는 북한 주민의 인권문제에 대해서 이인영 장관이 언급했다는 말은 들어본 적이 없다. 통일부가 북한의 실상을 분석하고 정상적인 통일정책을 추구하기보다는 한미연합 훈련 보류를 주장하고 있다. 구국의 강철대오 주사파의 전대협 의장 같은 친북 목소리를 내고 있으니 답답한 일이다. 무엇을 위한 누구를 위한 통일부인지 모를 일이다.

대북송금 사건의 주역 박지원 국정원장

국정원장은 또 어떤가. 김대중 정권 시절 4억 달러 대북송금의 주역이었던 박지원 원장. 국정원의 정치 중립을 그토록 강조하더니 이른바 검찰의 '고발 사주' 의혹 사건으로 본인이 입건됐다. 현직 국정원장 신분으로 정치적 논란이 된 사건의 수상대상이 된 것이다.

최근에는 5년 동안 북한 정찰총국에서 대좌로 활동했던 탈북자가 영국 BBC 인터뷰에서 충격적인 내용을 폭로했다. 1990년대 초 남파 간첩이 청와대에서 5~6년 동안 근무하다가 다시 복귀한 적이 있다고 밝힌 것이다. 이 발언의 진위는 국정원과 수사 당국의 은밀하고 치밀한 수사로 밝혀야 할 일이다. 그런데 국정원에서는 '북 첩보 요원 90년대 청와대 근무' 보도에 대해 즉각적으로 "사실무근"이라고 밝혔다. 사실무근이기를 바란다. 하지만 이 탈북자의 말대로 북한이 끊임없이 대남 공작을 해오고 있는 사실을 감안하면 무조건 사실이 아니라고 단정할 수도 없다. 바로 두 달 전 F35A 전투기 도입과 사드 배치 반대 활동을 해온 청주 간첩단 사건도 있었지 않은가. 가장 친북적인 인사에 속하는 박지원 원장이 북한 지도부의 심기를 거스르는 대북 방첩 활동을 얼마나 해낼지 의문이다.

한미동맹 부정하는 문정인 특보

통일 외교 문제에 있어서 문정인 특보를 빼놓을 수 없다. 문재인 정부의 외교 안보 정책의 기조는 누가 뭐래도 문정인 통일외교안보 특보의 입에서 나왔다.

역대 청와대 특보 가운데 문정인 특보만큼 미국 등 국제무대를 오가며 논란을 불러일으킨 인물이 또 있었나. 문정인 특보가 뒷감당이 안 되는 논란을 불러일으키면 청와대는 학자나 개인 자격으로 한 얘기라며 수습하기에 바빴다. 때로는 선택적 침묵을 지키면서 추이를 살피기도 했다.

대통령 비서실장이 나서서 직접 문 특보에게 경고성 메시지를 보내기도 했다. 그러나 한미연합 훈련의 축소나 종전선언 등 문 정부 핵심 정책들은 문 특보에 의해서 미국 정가 조야에 반복적으로 파급되었다. 문 특보의 그동안 여러 언급은 한미동맹을 가벼이 여기고 북한의 입장을 반영하는 듯한 내용이 많았다.

"한미동맹 없애는 게 최선, 국제관계에 매우 부자연스러운 상태"(The Atlantic 인터뷰, 2018. 5) "대한민국 대통령은 군사주권을 가지고 있다. 대통령이 주한미군에게 나가라고 하면 나가야 한다."(민주평화통일자문회의 워싱턴협의회 강연 2018. 2. 27) "평화협정 때는 미군 주둔이 어렵다"(조선일보 기고, 2018. 5. 2)는 등 청와대도 당황해 대통령 비서실장이 혼선이 없도록 해달라는 뜻을 내비치기도 했다. 심지어 국립외교원이 개최한 국제회의에서는 "미군 철수 땐 중국이 핵우산 제공하면 어떻겠느냐"(국립외교원 외교안보연구소 국제회의 발언, 2018. 5. 4)란 발언으로 논란이 된 적도 있다. 이 정도 되면 한국의 티벳, 위구르화를 추구하는 것이 아니냐는 비판까지 나올 지경이다.

북한과 중국, 구소련 등 공산주의에 대항해 싸운 국제전이라고 할 수 있는 6·25전쟁 이후 우리는 한미동맹이라는 연합방위태세를 통해서 안보를 지켜오고 있다. 북한이 핵미사일을 개발하고 노동당 규약까지 개정해 가면서 통일과업을 앞당기자고 하는 위험천만한 상황에서 중국에 대해 3불 약속을 해주었다. 한미동맹을 흔들고 북한의 입장을 두둔하는 인사들이 문 정부의 외교안보 라인의 주축을 이루고 있어 북한으로서는 자신의 입맛에 맞는 통일을 꿈꾸지 않겠는가. 참으로 개탄스러운 일이다.

13

육군 소위로 임명된 군견 헌트

1990년 3월 3일, 강원도 양구군 군사분계선 DMZ에서 땅굴이 발견됐다. 북한이 몰래 지하로 병력과 물자를 이동시켜 남침을 위해 파놓은 땅굴이다. 굴의 폭과 높이가 각각 1.7m로 군사분계선 남쪽 2,052m까지 내려왔다. 지금은 좁은 레일 위로 안보관광용 코끼리 열차를 타고 땅굴을 볼 수 있다.

이 땅굴을 처음 발견할 당시 헌트라 불리는 셰퍼드 군견이 함께 했다. 헌트는 군사분계선을 약 300m 남겨놓고 높은 장애물로 인해 수색작업이 중단된 상태에서 수색 장병들에 앞서 수렁을 지나다가 북한군이 매설해 놓은 지뢰를 밟고 그 자리에서 산화했다.

만약 헌트가 아니었다면 우리 군 1개 분대 병력이 그 자리에서 목숨을 잃을 뻔했다. 헌트는 그 공로로 군견 역사상 최초로 장교인 소위로 추서되고 무공훈장까지 받았다. 지금도 제4땅굴 앞에는 땅굴 쪽을 바라보고 있는 듬직한 헌트의 동상이 서 있어 마음을 뭉클하게 한다.

〈소위로 추서된 군견 헌트 동상〉

북한의 남침용 땅굴은 1974년 연천군 고랑포에서 발견된 제1 땅굴을 시작으로 철원, 파주, 그리고 헌트가 희생된 양구의 땅굴까지 모두 4개가 발견됐다.

남침용 땅굴이 의미하는 것은 무엇일까? 단순히 오래된 대남위협의 잔존물이 아니다. 1953년 7월 휴전협정이 체결된 이후에도 북한이 끊임없이 무력 남침을 획책하고 있는 소름 끼치는 증거다. 남과 북은 군사분계선을 사이에 두고 공식적으로는 각각 폭 2km 내의 비무장지대를 두고 있지만 실상은 그렇지 않다. 특히 북한은 시간당 1개 연대병력을 침투시킬 수 있는 땅굴을 4개나 팠고 그

숫자는 더 존재하는지 모를 일이다.

북한은 휴전 이후 현재까지 지상과 해상, 공중, 그리고 해외 등지에서 모두 470차례 이상의 군사적, 물리적 도발을 벌여왔다. 직접 청와대를 습격해 대통령 암살을 시도하는가 하면 해안가 무장공비 침투, KAL기 납치와 폭파, 아웅산에서의 전두환 정부 요인 암살, 서해에서의 해전, 천안함 폭침과 연평도 포격 등 그 수를 제대로 헤아리기도 어려울 지경이다.

북한의 이런 도발은 남북 정상회담(김대중, 노무현)을 두 번씩이나 한 이후에도 지속됐다. 게다가 핵기술을 고도화해 가며 탄도미사일을 개발했고, 핵잠수함과 잠수함 발사 탄도미사일(SLBM), 첨단 신형 미사까지 개발계획을 발표했다.

그러면 북한을 상대로 우리가 단 한 차례라도 무력도발을 먼저 한 적이 있나. 납치극을 벌인 적이 있었나. 선제 타격을 한 적은? 단연코 없다. 우리 군사훈련은 남침에 대응하는 방어훈련 위주로 해오고 있다. 그런데도 문 정부는 해서는 안 될 일을 저질렀다.

2018년 9월 19일 평양에서 남북군사합의서에 서명을 했다. 당시 송영무 국방장관과 북한의 노광철 인민 무력상이 서명을 했지만 이것은 군 통수권자인 문재인 대통령과 북한 김정은의 합의다.

남북군사합의는 북한의 비핵화 진전이 전혀 없고 북한의 군사적 도발이 계속되는 상황에서 북측의 입장이 절대적으로 유리하게 반영된 내용으로 구성됐다.

합의서 1조 1항에는 '쌍방은 대규모 군사훈련 및 무력증강 문제, 다양한 형태의 봉쇄, 차단, 항행 방해, 상대방 정찰행위 중지 등을 남북 군사 공동위에서 협의한다'고 돼 있다.

1조3항에는 '군사분계선 상공 비행금지구역을 설정하기로 하였다. 고정익 항공기 동서부 각각 40km, 20km, 회전익 항공기 10km, 무인기 동서부 각각 15km, 10km, 기구는 25km'. 이런 조항들은 언제든지 공격해 올 수 있는 북한군의 기습에 눈을 감겠다는 '무장해제' 선언이다.

비행 금지구역을 설정해 주한미군 전술 정찰기와 한국군의 글로벌 호크 비행을 금지하면 휴전선 일대 북측 최전방 부대에 대한 경계와 감시가 불가능해진다. 북한의 최전방 전 지역에는 장사정포와 지휘소, 탄약저장소 등 주요시설이 지하화되어 있다. 유사시 이들 시설의 개폐 여부는 오로지 공중 감찰 활동을 통해서만 감시할 수 있는데 이를 포기한 것이다.

군사합의 이후 북한은 우리의 소규모 방어훈련이나 사드 배치, 스텔스 전투기 도입 등 방위력 증강 사업에 대해서 '합의 위반'임을 강력하게 주장하고 있다. 게다가 연평도 포격 도발 추모 행사와 새해 국방예산도 군사합의 위반이라며 대남 비방을 해오고 있다. 동시에 북한은 서해 창린도에서 보란 듯이 포사격 훈련을 하고, 미사일 발사 실험, 김여정의 독살스런 대남비방 담화문까지 압박전술을 구사하고 있다. 9·19 남북군사합의는 내용상 절대로 실현될 수 없는 위험천만한 '군사적 종북선언'이다.

이미 북한은 서해에서 우리 공무원을 조준사격하고 불태우는 만행을 저질렀다. 남북교류의 상징인 개성 남북연락사무소를 하루아침에 폭파해 잿더미로 만들었다. 남북군사합의를 휴짓조각으로 만들고 자신들의 요구를 쏟아내며 대남 비방을 일삼을 때는 도구로 활용하고 있다.

그럼에도 우리 내부에서 어이없는 일은 계속 벌어지고 있다. 정의용 외교장관은 지난 2018년 북한의 창린도 해안포 사격과 2020년 5월 북한군의 비무장지대 감시초소 총격 사건에 대해 "북한이 두 번의 사소한 위반을 했다. 굉장히 절제된 방법으로 시행됐다"고 말하며 북한의 도발을 사소한 사건으로 치부했다. 장관의 순진함인지, 청와대의 의도를 대변한 건지 진위가 궁금하다.

김정은이 핵무기를 포기할 의지가 확고하다고 믿고 그것을 미국에 가서 그대로 설파한 정 장관 아니던가. 그 일을 떠올려보면 그의 이번 발언도 뜬금없지는 않은 것 같다.

북한군의 움직임에 대해서는 눈을 감고 북한의 도발을 사소한 것으로 인식하는 대한민국의 안보태세는 적에 의해서가 아니라 내부적으로 무너지고 있다. 자멸의 길을 걷고 있는 것이다.

〈제4땅굴을 찾아서〉

14

'안보'는 안 보이고 '경계'는 찢어진 우산

2016년 20대 총선에서 당선돼 3선 의원이 됐다. 3선이 되면 국회 상임위원장을 할 자격이 주어지는데 그렇다고 누구나 다 상임위원장을 할 수는 없다. 늘 3선 의원급의 다른 경쟁자가 있기 때문이다. 더구나 본인이 원하는 상임위원회 위원장을 맡는 일은 더 어려운 일이다. 그러고 보면 꼭 해보고 싶었던 국방위원장을 맡아 일하게 된 것은 매우 큰 행운이었다.

국방위원장을 하는 2017년 말까지는 어느 때보다도 북한의 도발이 극에 달하던 때였다. 북한은 5차, 6차 핵실험을 단행했고 화성 15형 ICBM 발사시험을 통해 급기야 '핵무력 완성'을 대내외에 선포하였다. 그러다가 국제사회의 대북제재가 극심해지자 2018년 초 평창동계올림픽을 계기로 갑자기 입장을 선회해 평화공세를 취하기 시작했다. 심각한 일은 문재인 정부가 '대화'와 '평화'라는 이벤트에 치중하고 있는 동안 여기저기서 안보에 구멍이 나고 있다는 사실이었다.

2019년 6월 15일 새벽에는 4명을 태운 1.8톤의 북한 선박이 동해 삼척항 방파제에 정박을 하고 지역 주민에게 전화기까지 빌리려 한 사건이 발생했다. 군의 경계 레이더망과 지역 해안경비대의 순찰을 모두 피했고 주민의 신고에 의해 세상에 알려지게 됐다.

〈삼척항에 정박한 북한 선박〉

당시 내가 속한 자유한국당(현 국민의힘)에서는 나를 단장으로 '북한 선박 입항 은폐·의혹 진상조사단'을 구성했다. 위원으로는 백승주, 성일종, 이만희, 정종섭, 이철규, 신보라 의원 등이 함께했다. 1년 전인 2018년 4월에는 '드루킹 댓글 조작사건 진상조사단장'을 했었는데 또 진상조사단장을 맡게 되니 주위에서는 아예 이

참에 수사반장을 하시라는 농담을 하는 동료 의원들도 있었다.

나는 우선 최초 신고자를 조심스럽게 수소문해 연락처를 알아내고 혼자 삼척으로 향했다. 다행히 지역의 도의원, 시의원들의 긴밀한 협조로 신고자 K씨와 면담을 할 수 있었다. 당시 상황은 이렇다.

〈북한 선박 사진제보자와 함께〉

K씨는 북한 선원 두 명은 배에 있었고 두 명은 방파제 위에서 담배를 피는 모습을 목격했다고 한다. 그 가운데 한 명이 다가와 전화기를 빌려달라고 하길래 깜짝 놀랐다고 한다. 말투가 거의 알아들을 수 없을 정도의 심한 북한말인데 처음에는 중국말로 착각을 할 정도라고 했다. 그런데 그 선원이 북에서 왔다고 하는 말에

더욱 놀라 좀 떨어져서 112 경찰 상황실에 전화를 했다는 것이다.

그런데 이 대목에서도 이해할 수 없는 일이 벌어졌다. K씨가 경찰과 정확하게 6분 34초 동안 통화를 했다. 이렇게 길게 통화한 것은 경찰이 신고자 K씨에게 북한 사람들이 어떻게 넘어오게 되었는지 그 경위를 물어봐 달라고 해서 그렇게 해줬다는 것이다. 정말 위험천만한 일이다. 6분 34초면 굉장히 긴 시간이다. 나도 그 방파제에 가봤지만 거기서 해경파출소가 불과 300m 정도 떨어진 아주 가까운 곳이다. 빨리 출동해서 정체불명의 4명의 신병부터 확보하는 조치를 취했어야하는데 그러지 않은 것이다.

그 북한 선박이 정박한 방파제로부터 불과 100m 떨어진 공판장에서는 50여 명의 어부와 주민들이 경매를 하고 있었다. 만약에 그 4명이 무장이라도 하고 넘어온 무장간첩이었다면 대형 인명피해도 가능한 상황이었다. 정말 생각만 해도 아찔하다.

그런데 이 북한 선박 입항 사건은 경계태세에 커다란 구멍이 난 것은 물론이거니와 이 사건을 상부에 보고하고 언론에 발표하는 과정에서의 은폐·축소 의혹, 그리고 4명 가운데 2명만을 급하게 북으로 송환하는 등 석연치 않은 점들로 가득하다.

삼척항에 입항한 당시 4명 가운데 한 명은 아주 말쑥한 군복 차림이었다. 일주일 이상 비좁은 조그만 배에서 파도와 싸워야 했던 상황에서는 도저히 믿기지 않는 일이다. 조그만 배로 바다에 나가서 반나절만 고기잡이를 해도 금방 노숙자와 같은 모습이 된다는 것이 그곳 주민들의 전언이다.

7월 3일 정부는 이 사건에 대해서 합동브리핑을 했지만 여러 가지 의혹이 남아 당시 국회에서 반박 기자회견을 했다. 그 당시 기자회견문의 내용을 요약하면 다음과 같다.

〈삼척항 북한 선박 정부합동브리핑 관련 10대 의혹 기자회견〉

***의혹 1: 북한 선박에 대한 조사가 제대로 이루어지지 않았다.**

놀라운 사실은 이 배는 지금 동해 1함대에서 보관 중이며 관련 절차에 따라 폐기 처리될 예정이라는 점이다. 이 배는 절대로 바로 폐기 처리해서는 안 된다. 이 배가 중요한 것은 이번에 북한 승조원이 타고 온 북한 선박은 민간 선박이 아니라 군부대 소속이 확실하다

이에 대한 근거로 배에 번호가 달려있는데, 보통 민간인이 소유한 배는 맨 앞에 그 지역의 지명이 들어간다. 원산이든 통천이든 경성이 그다음에 이제 숫자가 들어간다. 그런데 이 배는 'ㅈ'으로

시작한다. 북에서는 'ㄱ','ㄴ','ㄷ','ㄹ' 이런 기호가 들어가고 숫자가 들어가면 그것은 백 퍼센트 군부대 소속의 배로 추정된다.

만약 이 선박이 군부대 소속이라면 이것은 굉장히 중요한 의미를 함축하게 된다. 물론 군부대 소속 배라고 하더라도 이것을 타고 있는 사람이 꼭 군인은 아닐 수 있다. 보통의 경우에 동해안에서 조업하기 때문에 전문 어업인 어부들을 입영도 하지만 그렇다고 하더라도 이 네 사람의 신분이 정확하게 밝혀져야 한다. 그리고 이 배가 어떤 목적에 의해서 처음부터 제조된 것인지 밝혀져야 하는데 이 부분에 대한 발표는 완전히 빠져있다.

***의혹 2: 북한 선박은 적어도 세 군데 정부 기관에 등록이 되어 있고 도장을 받아야 출항을 한다. 그렇다면 이 배는?**

첫 번째 수산성에 배를 등록해야 하고, 그다음에 신분을 보장해 주는 보위성에서 배를 타고 나가는 사람들에게 신분을 보장하는 도장을 찍어주며 마지막으로 출항할 때 그 지역의 항만청에 도장을 받아야 나갈 수 있다.

그런데 정부 발표 내용을 보면 정말 이해할 수 없는 것이 그들 가운데 한 명인 인민복을 입은 젊은 청년이 귀순했다고 하는데 탈북경험이 있어서 북한의 감옥에서 살았다고 한다. 그런데 보위성에서 만약 출항을 한다고 하는 사람이 탈북경험이 있는 사람 감옥에 있었던 사람을 허가해줄 수 있을까? 이것은 어불성설이다. 그

것이 다시 밝혀져야 한다.

그리고 통상적으로 배를 타면 네 사람이 탄다고 하지만 꼭 그렇지는 않다고 한다. 그런데 여기서 의문이 남는다. 처음부터 귀순을 생각했던 두 사람인 선장과 젊은 청년이 사실 귀순 의사가 없는, 어디로 갈지도 모르고 다른 두 사람을 배를 태우고 온 셈이 되는데 이것은 굉장히 위험한 일이다. 배 안에서 싸운다는 것은 굉장히 위험하다. 귀순 의사가 있는 두 사람이 있다면 다른 사람, 만에 하나 다른 선원이 필요하다고 하더라도 한 명 정도를 태울 수 있는 것은 가능하지만 전혀 귀순에 의사가 없는 두 사람을 같은 배에 태운다. 그러면 귀순하자고 하는 사람과 이것을 모르고 그냥 따라온 사람이 둘둘로 나뉘는데 이것이 배에서 엄청난 갈등으로 빚어지게 된다면 굉장히 위험한 상황이다. 한 명 정도를 태우고 왔으면 모르는데 두 명을 배에 태우고 귀순 항로를 따라 왔다고 하는 것은 이해할 수 없다.

***의혹 3: 정부 발표에 따르면 3명은 제방 위에서 단속되길 기다리고 1명은 배에 대기를 했다고 했는데 이는 사실이 아니다.**

최초 신고한 사람이 봤을 때 처음에 부두와 방파제에서 이들을 목격했다. 2명이 방파제 위에 있었다. 그리고 제방 위에 있었던 사람들은 담배까지 태우는 여유를 보였다. 그런데 정부 발표에 따르면 제방 위에 단속되길 기다렸다고 하는데 이는 말이 안 된다.

귀순이 목적이든 뭐가 목적이든 처음 대한민국 땅, 강원도 삼척항에 처음 들어온 사람들이 단속을 기다리면서 더군다나 6일이나 먼 항해길 먼바다에서 헤매다가 들어온 사람들이 여유롭게 담소를 나누고 담배를 피우고 휴대폰을 지역주민에게 빌린다는 것을 이해할 수 있는가? 이것은 있을 수 없는 일이다. 이것이 밝혀져야 한다. 단속되길 기다리는 사람들의 행동이 전혀 아니라는 것이다.

***의혹 4: 최초 신고 시 경찰의 대응이다.**

신고자가 112 경찰 상황실에 전화를 해 6분 34초 동안 통화했는데, 북한 선원 네 사람 앞에서 했다. 그런데 경찰은 신고자를 통해서 어떤 경위에 의해서 왔는지를 물어봐달라고 했다. 6분 34초 동안 중계방송을 한 셈이다. 이것은 정말 위험천만한 일이다. 신고자가 정말 용기가 있었다.

어떻게 경찰이 이렇게 대응할 수 있을까? 만약에 북한에서 내려온 사람들이 무장이라도 했으면 정말 큰일 날 일이 아니겠는가? 어떤 경위에 의해서 내려왔는지를 알려달라고 주문을 할 수 있는 것인지 이런 것도 밝혀져야 한다.

***의혹 5: 최초에 4명이 조사할 때는 모두 북한에 귀화하겠다고 이야기했다고 정부가 발표했는데, 그중 두 명이 번복했다는 것이다. 이 과정이 매우 불분명하다.**

이 조사에 따르면 처음에 북한으로 다시 돌아가겠다고 한 이유가 북에 있는 가족이 입을 피해를 우려해서 그랬다는 것이다. 이것도 말이 안 된다. 귀순하겠다고 마음을 먹은 두 사람은 귀순 의사가 확실했기 때문에 아주 치밀하게 다른 사람을 태우고 여기까지 왔다. 그리고 브리핑대로라면 단속되길 기다리는 사람들 아닌가? 이런 상황에서 조사를 받을 때 귀순 의사를 밝혀야 당연하지 어떻게 귀환, 북으로 다시 보내 달라고 했겠는가? 이 과정이 불명확하다.

그리고 북에 있는 가족이 입을 피해를 우려했다고 하는데 여러 가지 정황상 군인과 싸웠다든지 등 이런 귀순할 목적에 의해서 배까지 탄 사람들은 우발적인 귀순이 아닐 경우에는 정말 치밀하게 생각을 했을 텐데 '단순히 북에 있는 가족이 받을 피해를 우려해서 다시 북으로 보내 달라' 이것은 말이 안 된다.

6일까지 항해를 해 온 사람들의 모습은 아니다. 그리고 점심을 먹고 나서 갑자기 귀순하겠다고 2명이 밝혔겠는가? 어떤 심문, 질문에 의해서 귀환에서 귀순이 됐는지 이 과정이 반드시 밝혀져야 한다. 정부의 합동브리핑만으로는 너무나 불명확하다.

***의혹 6: 복장에 관련된 것으로 합동브리핑에서는 조업이 2회밖에 없었기 때문에 복장이 깨끗하다고 했지만 이해가 안 가는 대목이다.**

6일 동안 먼바다에서 조업을 몇 번을 했든 조업을 하지 않았든 복장이 아주 초췌해지기 마련이다. 삼척항에서 고기잡이하시는 분들의 증언이다. 바다에 나가면 하루 정도만 일을 해도 엄청나게 남루해진다. 노숙자와 같아진다. 선장이라고 하는 사람은 출항 검열에 대비해서 '출항일에 깨끗한 옷을 입고 와라'라고 해서 그 젊은 청년이 깨끗한 인민복을 입고 왔다고 한다. 이 사람들이 선을 보거나 시내에 놀러 가는 것도 아니고 고기를 잡으러 배를 타러 가는 사람들인데 출항일에 깨끗한 옷을 입고 오라는 것은 선장이 지시할 사항도 아니고 이런 것을 지시했다고 하는 것이 너무나 어처구니없는 일이다.

그리고 중간에 또 다른 옷을 갈아입었다 하고 더 웃긴 것은 삼척항 입항 전에 선장이 행색이 초라하니까 출항 시 입고 온 인민복으로 갈아입으라고 지시했다고 한다. 그러니까 선장과 인민복 입은 사람은 귀순이 목적인 사람들이다. 옷이 초라한 게 이유가 되겠는가? 그리고 삼척항 어민들은 고기잡이할 때 가장 위험한 옷이 단추가 달린 옷이라고 한다. 특히 자망을 통해서 고기잡이할 때 단추가 있으면 바로 사고로 직결된다고 한다. 그물을 걷을 때 손이 가슴 위치에서 왔다 갔다 하기 때문에 그물이 단추에 걸리면 사람이 물에 빠진다고 한다. 그래서 단추가 있는 옷을 입기 꺼린다는 것이다. 그런데 입고 온 옷을 보시면 단추가 다 달려있다.

***의혹 7: 해경항공기는 6월 14일 기상 불량으로 항공 순찰을 못**

했다는 것도 확인해 볼 사항이다.

삼척항 주민들에 따르면 14일, 15일 오전까지만 해도 삼척항에서는 기상이 굉장히 좋았다고 한다. 15일 오후에 기상이 조금 흐려지기는 했지만 기상 불량으로 항공 순찰을 못 했다는 것은 확인을 해봐야 할 사항이다.

***의혹 8: 사건의 축소 은폐가 있었다는 점이다.**

삼척항 인근이라는 표시가 여전히 군사 보안상 통상적으로 쓰는 용어라고 했는데 군 전문가들 이야기도 항상 그렇게 인근이라고 쓰지 않는다고 한다. 제1보 해경의 상황전파 보고서에 따르면 삼척항 방파제라는 말도 있다. 그리고 정비태세 관리 조사까지 한 마당에 왜 이것을 삼척항 인근이라고 했을까? 아직도 이를 군사적인 용어라 주장하지만 이 용어를 쓸 수밖에 없었던 직접적인 상황에 대해서는 한마디도 언급하지 않았다. 그냥 군사적인 용어라 하고 해경이 발표를 계속했고 거기에 따라 보도가 나갔는데 군에서는 이것을 면밀하게 보지 못했다는 변명만 늘어놓고 있다. 삼척항 인근과 삼척항 부두 방파제는 전혀 다른 용어이다. 특히 정확성을 기해야 할 군이 방파제, 부두, 삼척항 인근을 구분 못 해서야 되겠는가?

경계 작전에 문제가 없었다는 점에 대해서 잘못을 시인했지만 경계 작전은 관련 절차에 따라 정상적으로 진행되었으므로 '경계 작전은 정상적으로 진행되었다'라고 설명하는 것이 좋겠다고 내부적으로 협의했다고 한다. 그런데 궁금한 것은 협의도 중요하지만, 그 내부가 어떤 내부냐 그 내부에 청와대 직원이 있었냐, 그 지하 벙커에서 관계대책 회의를 누가 했느냐 이것이 궁금한 것이다. 이것에 대해서는 한마디도 말이 없다.

***의혹 9: 청와대 행정관 문제**

청와대 행정관에 대해서도 그렇다. 행정관은 부처와의 일상적인 업무협조의 일환으로 언론의 관심 사항이다. 그리고 이유를 브리핑 내용을 기자들이 충분히 이해했는지, 기자들의 관심사항은 무엇인지, 다음 브리핑에서 추가로 설명이 필요한 소요가 있는지 등을 확인하기 위해 참석했다고 했다. 만약 통상적인 기자회견 자리에 청와대 행정관이 와서 브리핑 내용을 기자들이 충분히 이해했는지 몰래 들어와 앉아 있으면 이해가 되겠는가? 언론과 발표를 하는 당사자 사이에 궁금한 내용이 아니겠는가?

이것은 완전히 언론 사찰이다. 또, 발표하는 사람들이 합참이나 국방부가 청와대의 의도대로 제대로 발표하고 있는지 이것이 궁금해서 와 있는 게 아닌지 이런 생각이 든다. 이런 것을 밝히기 위해서 국정조사가 필요하다는 것이다. 이런 부분에 대해서는 오늘 일체 함구했다. 이것은 밝혀져야 한다.

***의혹 10: 징계 조치 내용을 보니까 정말 경미하고 땜빵식 징계 조치에 불과하다.**

가장 실질적이고 가장 큰 무거운 책임이 있는 것은 정경두 국방부 장관이다.

두 차례나 대국민 사과를 하기는 했지만 이것으로 너무나 불충분하다. 육해공군의 국방 대비태세 경계 작전 실패 이런 것에 책임을 져야 한다. 부하직원 몇 사람을 징계 조치하고 문서로 경고 조치하고 이래서 될 일은 아니다. 이 부분에 대해서는 국방부 장관에 대한 해임결의안을 내야 한다. 그것도 국정조사를 받은 다음에 그렇게 해야 한다고 생각한다.

합동브리핑 결과를 확인해 보면서 한국당이 여태까지 조사하고 취재한 내용을 토대로 남는 의혹들을 정리했는데 국정조사가 필요하다.

이 시점에서 다시 생각해도 그때 가졌던 10가지 의혹들은 여전히 풀리지 않았다.

올해 2월(2021. 2. 16)에도 차가운 동해 겨울 바다에서 10km의 거리를 6시간 동안 헤엄쳐서 월남한 사건이 있었다. 정부 합동신문팀은 조사결과 민간인이라고 하지만 해안가에서 고기를 잡을 때 입는 머구리 잠수복을 입고 얼음장처럼 차가운 겨울 바다에서 6시간 이상 헤엄을 쳤다는 사실에 전문가들도 고개를 갸우뚱거리고 있다. 그것도 48개의 배수구 가운데 철조망이 없고 경계가 안 되는 배수구를 통과했다는 점에서 순수하게 월남한 민간인이 맞나 하는 의구심도 든다.

지난 8월에는 청주를 근거지로 활동하던 4명의 간첩단 사건도 있었다. 요즘 세상에 간첩 얘기를 하면 '색깔론자'나 '극우 태극기 부대' 취급을 당하기 쉽다.

그러나 아무리 북한과의 '대화'와 '평화'를 강조한다고 해도 귀순자와 간첩을 구분 못 하거나 국토의 여기저기서 안보에 구멍이 나면 그런 평화는 모래 위에 성을 쌓는 일이다.

내년 북경동계올림픽과 대선을 앞두고 또 한 번 강하게 불어올지도 모를 '평화의 바람'에도 불구하고 안보는 느슨해지면 안 될 절대가치라는 것을 잊어서는 안 될 것이다.

제3부

대중(對中) 굴종 외교의 실장

15. 친중(親中) 사대의 늪에 빠진 문 정권

16. 중국에 잠식당하는 대한민국

17. 대중국 '3불(不) 약속'은 안보주권 포기각서

18. 투키디데스 함정에 빠진 미-중, 우리의 운명은?

15

친중(親中) 사대의 늪에 빠진 문 정권

이웃 나라인 중국과 잘 지내는 것은 중요하다. 경제와 안보, 문화 등 어느 분야에서도 중국과는 매우 밀접하게 얽혀있다. 잘 지낸다는 것은 두 나라가 역사와 문화, 주권을 존중하고 미래 지향적일 때 가능하다. 그런 면에서 일대일로의 중국몽을 앞세워 태평양뿐만 아니라 세계로 뻗어 나가려는 시진핑의 중국은 가히 제국주의적이다.

2017년 4월 트럼프 대통령과 시진핑 주석과의 통화 내용이 언론에 흘러나오면서 파문이 일었다. 트럼프 대통령은 시 주석이 "한국은 사실상 중국의 일부였다(Korea actually used to be a part of China)"라고 말했다고 전했다.

이 같은 일을 어떻게 해석해야 할까?

중국이 줄기차게 동북공정에 박차를 가하고 있고 일대일로의 세계전략을 펼치는 것을 고려하면 병적인 중화사상의 원인을 짐작할 수 있다.

그런데 이해할 수 없는 것은 문재인 정권의 중국에 대한 굴종외교다. 문 대통령은 취임하던 해인 2017년 12월 중국 베이징대학교에서 다음과 같이 연설했다.

"높은 산봉우리가 주변의 많은 산봉우리와 어울리면서 더 높아지는 것과 같습니다. …한국도 작은 나라지만 책임 있는 중견 국가로서 그 꿈에 함께할 것입니다"

우리나라가 왜 중국몽에 함께 해야 하는가. 더더욱 대한민국을 작은 나라로 표현하는 문 대통령은 평소 중국에 대해서 어떻게 생각하고 있는 것인가? 북한에 가서는 '남쪽 대통령'이고 중국에 가서는 '작은 나라 대통령'이 된다면 대한민국 국민은 도대체 무엇이란 말인가?

문 대통령의 놀라운 연설은 계속된다.

"한국에는 중국의 영웅들을 기리는 기념비와 사당들이 있습니다. '삼국지연의'의 관우는 충의와 의리의 상징으로 서울의 동묘를 비롯해 여러 지방에 관제묘가 설치되어 있습니다. …광주시에는 중국 인민해방군가를 작곡한 한국의 음악가 정율성을 기념하는 '정율성로'가 있습니다. …마오쩌둥 주석이 이끈 대장정에도 조선

청년이 함께 했습니다. 그는 한국의 항일군사학교였던 '신흥무관학교' 출신으로 광둥꼬뮌에 참여한 김산입니다. 그는 연안에서 항일 군정대학의 교수를 지낸 중국공산당의 동지입니다."

정율성은 중국공산당 건국 100대 공신 가운데 한 명으로 꼽히는 인물이다. 6·25전쟁 때는 중국 인민지원군의 일원으로 전선에서 위문 활동을 하기도 했다. 북한에서는 조선인민군 협주단을 창단했다. 정율성이라는 이름은 의열단장이었던 김원봉이 '음악으로 성공하라'는 뜻에서 율성(律成)이라고 지어줬다고 한다.

이런 연설 내용을 보면 문재인 대통령은 항일투쟁의 업적만 있다면 그 이후 6·25전쟁을 일으켜 온 국토를 피로 물들인 책임이 있어도 영웅 대접을 해줘야 한다는 논리다. 스탈린과 모택동의 승낙과 지원을 받아 일으킨 6·25전쟁을 남과 북의 쌍방과실 정도로 치부하고 있는 듯하다.

지난 1월 문 대통령은 시진핑 주석과의 통화에서 "중국공산당 창립 100주년을 진심으로 축하한다"고 했다. 신년 덕담이라고는 하지만 중국의 지도자에 대한 의례적인 인사를 넘었다. 중국공산당 창립 축하는 6·25전쟁의 참상과 수많은 호국영령 그리고 그 후손들을 생각하면 차마 할 수 없는 표현이다. 중국은 지금까지도 6·25전쟁을 '항미원조전쟁'이라고 부르면서 매년 '승전 기념식'을 열어오고 있지 않은가!

6·25전쟁 당시 대한해협해전을 승리로 이끈 해군의 영웅 최영섭 예비역 해군 대령(2021. 7. 8 작고)은 2016년 9월 우리 군 최초의 사성장군이자 창군의 주역인 백선엽 장군을 만나 나눴던 대화 내용을 자서전에서 소개했다(바다를 품은 백두산, 2021. 4 Freedom & Wisdom, 최영섭 저).

"백 장군님, 전투하시면서 가장 어려웠던 것이 무엇이며, 전승비법이 무엇이었습니까?"

백선엽 장군은 답했다.

"사실 6·25 때 싸운 주적은 인민군보다 중공군이었소. 중공군하고 싸운 것이 70% 이상입니다. 중공군의 인해전술과 예측하기 어려운 변화무쌍한 전술에 대응하는 것이 가장 어려웠습니다… (중략) 전쟁은 혼자서 할 수가 없어요. 우선 부대원들이 잘 따라야 하고 우군과 협조가 잘되어야 가능한 일입니다. 6·25 때 우리 국군과 유엔군들이 흘린 피를 계산해보니 무려 약 2,000톤이나 됩니다"

두 전쟁 영웅의 대화에서 6·25전쟁 당시 중공군이 얼마나 대한민국을 크게 위협했고 국군과 연합군을 괴롭혔는지 알 수 있다. 잊어서는 안 될 역사다. 그 중공군을 파견하고 지휘한 지도부가 중국공산당이다. 중국공산당 창당을 축하하는 대통령이 대한민국 대통령이라고 말할 수 있겠는가.

문재인 대통령의 이런 중국과 중국공산당의 칭송에 시진핑 주석은 어떻게 화답하고 있는가? 참으로 불편하고 얼굴 뜨거운 일들이 벌어졌다.

시 주석은 문재인 대통령의 특사를 두 차례나 시 주석이 앉는 의자보다 낮은 의자(下席)에 앉혔다. 홍콩이나 마카오 행정장관이나 중국의 지방 서기들이 시 주석과 면담할 때 앉는 자리다.

문 대통령이 중국 베이징을 국빈 방문했을 때 '혼밥' 논란도 청와대의 해명이 있었지만 여전히 개운치 않다. 우리 언론인에 대한 중국 경호원의 폭행 사건도 우리 온 국민을 분노하게 했다.

주한미군의 사드 배치 상황에서는 중국이 도를 넘는 혐한론을 퍼뜨리고 우리 기업을 옥죄었다. 이에 문 정부는 북한의 핵 개발에 대응하는 방어무기 체제라는 것을 중국에 속 시원하게 설명하지 못했다.

지금도 여전히 문 정부는 시진핑 주석의 방한을 꾀하고 있지만 계속 보류되고 있는 상황이다. 코로나 등 여러 요인이 있는 것도 사실이지만 일방적으로 중국에 매달리는 대중외교의 모습은 과거 조선 시대 궁궐에 있는 대보단(大報壇, 조선시대에 명나라 태조·신종·의종에게 제사 지낸 사당)에서 중국 황제에게 절을 올리던 조선 시대 왕실의 치욕을 떠올리게 한다.

16

중국에 잠식당하는 대한민국

국가를 구성하는 3대 요소는 국민, 국토, 주권이다. 이 세 가지 가운데 하나만 없어도 나라가 성립되지 않는다. 그런데 우리는 이웃 나라 중국으로부터 이 세 가지 모두를 위협받고 있다.

가장 눈에 띄는 것은 중국의 서해공정 차원에서 일어나고 있는 서해 침범이다.

중국은 2013년 7월 우리 정부에 서해에 있는 동경 124도 서쪽으로는 넘지 말라고 일방적으로 통보했다. 국제법에도 근거하지 않는 조치를 자의적으로 내린 것이다. 이렇게 되면 서해의 70% 이상이 중국의 관할로 들어가게 된다. 북한이 잠수함이나 잠수정을 이용해 동경 124도를 돌아 서해 우리 해역으로 침투한다면 그야말로 위험천만한 일이다. 중국의 이런 일방적 통보 이후 중국 해군은 우리 군이 124도 서쪽으로 접근하면 즉시 경고를 해오고 있다.

중국의 군함은 반대로 2021년 지난 2월 우리 서해 백령도 앞까지 접근했다. 더 기가 막힌 것은 그 사건 직후 우리 군의 반응이었다. 언론 보도에 따르면 '중국이 남중국해에 전투함이나 전투기를 보내면 우발적 충돌이 일어날 우려가 있어 한국으로 눈을 돌린 것 같다'는 군 소식통의 분석이다. 국토를 지켜야 하는 군이 중국의 침입에 제대로 대처하지는 못하고 이런 한가한 분석이나 할 때인가. 이러니 중국의 어선들도 꽃게잡이 철이면 하루 평균 200척 이상이 우리 서해로 넘어와 마구잡이 어업 활동을 하는 것이다.

바다뿐 아니라 하늘도 중국 공군의 놀이터가 되기 시작했다. 우리의 방공식별구역(KADIZ)을 아무런 사전 통보 없이 수시로 드나들고 있다. 지난해 12월에는 중국과 러시아의 전투기 19대가 합동으로 이어도와 독도 인근 방공식별구역을 서너 차례씩 드나들었다. 더 한심한 것은 우리 군이 중국의 한국방공식별구역 침범횟수를 고의로 누락했다는 의혹까지 제기됐다는 사실이다.

2020년 10월 국민의힘 한기호 의원실에 따르면 군의 국회 보고 자료에는 중국이 2010년 50회, 2017년 70회, 2018년 140회, 2019년 50회 침범한 것으로 나타났다. 하지만 군 내부자료에는 2018년 200회, 2019년에는 150회로 기록돼 있다는 것이다. 2018년과 2019년의 기록에서 160회가 줄어서 국회에 보고됐다는 얘기다. 이것이 사실이라면 군이 중국에 대해서 굴종 외교를 펼치는 문재인 정부의 심기를 살폈다는 의혹을 사기에 충분하다.

중국이 역사를 왜곡시켜 한반도가 과거 중국의 일부였다는 사실을 주장하는 동북공정은 널리 알려진 일이다. 최근 들어선 우리 고유의 김치, 한복 등도 원래 중국에서 시작됐다는 주장을 하고 있다. 역사뿐만 아니라 '문화공정'까지 시작했다. 전국 대학교에 설치된 25개의 공자학원에선 공자 철학은 없고 모택동 사상 등 중국 공산주의 이념을 확산시키는 프로그램을 운영해 말썽이 되고 있다.

6·25전쟁에 참전한 중공군을 미화하고 반미 의식을 확산시키기 위한 영화도 계속 만들어지고 있다. 중국 영화사상 가장 많은 제작비(2,300억원)가 들었다는 '장진호'를 지난 9월 개봉한 데 이어 올해 안에 '압록강을 건너다'를 개봉할 예정이다. 중공군을 영웅화한 '1953, 금강 대전투'는 보수 시민단체와 정치권의 반대로 국내 개봉이 무산됐다.

문재인 정부의 법무부는 최근 국적법 개정을 추진하고 있는데 골자는 외국인이 한국에서 아이를 낳으면 간단한 신고를 통해 한국 국적을 취득할 수 있도록 하는 것이다. 이렇게 국적법이 개정되면 혜택을 보는 것은 95%에 해당하는 화교와 중국인들이다. 특정 국가 중국에 대한 특혜라는 의혹을 사기에 충분하다.

정부는 저출산 문제를 해소한다는 차원에서도 국적법 개정이 필요하다고 하지만 이것은 정당한 이유가 될 수 없다. 거주제한을 좀 더 완화해 줄 수는 있지만 대한민국 국민이 되는 조건을 이처럼 신고제로 바꾸면 대한민국의 정체성이 흔들리게 된다. 국가의 3대 요소 중 국민의 개념조차 희석될 판이다.

다양성을 존중하는 미국의 경우도 영주권과 달리 미국민의 자격인 시민권은 매우 까다로운 과정을 통해서 부여한다.

민주당 소속 광역단체장과 기초 단체장들도 앞다퉈 차이나타운과 같은 사업을 마구잡이로 벌일 조짐마저 보이고 있다. 최문순 강원지사는 중국의 일대일로에 장단을 맞추는 발언까지 서슴지 않고 있다. 그는 인민망과의 인터뷰에서 "문화타운은 수천 년의 깊이와 폭을 가지고 있는 중국 문화를 강원도와 대한민국, 그리고 전 세계에 소개하기 위한 것"이라고 말했다. 아니 강원도지사가 왜 중국 문화를 전 세계에 소개한단 말인가. 아무리 좋게 봐주려 해도 도무지 이해할 수 없는 중국몽 운동원 아닌가. 하긴 문재인 대통령도 중국에까지 가서 중국몽과 함께한다고 했으니 최 지사만을 탓할 일은 아니다.

동맹국인 미국은 남중국해와 동중국해를 거쳐서 태평양으로 팽창하려는 중국에 맞서서 인도 태평양 전략으로 맞서고 있다. 이런 미국의 전략에 인도, 일본, 호주는 쿼드 협력체제에 참여하고 있다.

특히 호주는 중국과의 긴밀한 경제 관계에도 불구하고 중국의 영향력에서 벗어나기 위해 전략적으로 움직이고 있다. 중국도 처음에는 호주에 대해 강경한 태도를 취했지만 호주의 철광석 없이는 경제를 유지할 수 없어 매우 난처하게 된 상황이다.

2017년 내가 호주에서 안보 관계자들을 만났을 때 일이다. 호주 군부대의 세탁 관련 업무까지 중국의 업자들이 운영할 정도로 경제 영역에서 중국의 영향이 커서 걱정스럽다는 것이다. 하지만 미국 등 자유우방 국가들과의 가치 동맹을 훨씬 더 중요시하기 때문에 중국과의 갈등은 앞으로 불가피할 것이라고 귀띔해 주었다. 지금 중국과 호주 사이에 벌어지는 일이 그런 방향으로 흘러가고 있다. 최근 피터 더틴 호주 국방장관은 만약 중국이 대만을 공격하면 미국과 함께 행동할 것이라는 말까지 했다.

미국과 중국 사이에서 균형외교, 등거리 외교, 모호한 외교는 더 이상 지속가능하지 않다. 미국과 중국의 패권 경쟁은 단순히 미국과 중국만의 패권 경쟁이 아니다. 중국은 러시아, 북한과 함께 대륙 3국 연대를 기반으로 아시아, 아프리카, 유럽으로 경제, 문화적 영역을 확대한다는 중국몽을 추진 중이다.

시진핑은 모택동, 등소평을 뛰어넘어 황제의 자리를 넘보고 있다. 미국은 이에 맞서 자유민주주의 우방 국가들과 힘을 합쳐 중국의 군사적 팽창뿐만 아니라 반도체를 비롯한 기술전쟁, 문화적 충돌, 인권문제에서 중국을 봉쇄하려고 한다.

우리는 이 시점에서 과거 역사를 상기해야만 한다. 중국대륙의 세력이 강력하게 부흥하는 시기에 많은 침략을 당했다. 수와 당, 몽골 그리고 청나라로부터 한반도는 수없이 침탈당했다. 일제로부터 해방된 이후 6·25전쟁에서도 중공군의 참전으로 막대한 인명피해를 입었다. 지난 70년 동안 한반도에서 전쟁은 없었다. 이것은 6·25전쟁 이후 미국과 맺은 한미상호방위조약 덕분이다.

지금 중국은 무섭게 빠른 속도로 제국주의로 발돋움하고 있다. 이런 상황에서 동맹국인 미국을 중심으로 자유민주주의 대열에 합류할 것인지, 중국과 러시아 북한의 대륙진영과 함께할 것인지는 분명하다.

이것은 신냉전시대에 전쟁을 하자는 것이 아니다. 국가위기 상황에서 우리와 함께할 우방이 없으면 결국 힘센 나라에 굴종하는 것이 역사적 경험이었다는 것을 잊지 말자는 것이다. 영토와 주권 국민이라는 국가 구성 3요소가 중국에 의해서 더 흔들리는 일은 없어야 한다.

17

대중국 '3불(不) 약속'은 안보주권 포기각서

1962년 10월 소련이 핵탄도미사일을 쿠바에 배치하려고 시도하자 미국과 소련이 극한의 대치상황에 빠져 핵전쟁 발발 직전까지 간 일이 있다. 이른바 쿠바 미사일 위기다. 이처럼 무기, 특히 게임체인저라 할 수 있는 핵무기를 배치하는 것은 외교전쟁, 나아가 실질적인 무력 전쟁으로 비화할 수 있는 계기가 된다.

주한미군의 사드 배치는 어떻게 설명할 수 있을까.

사실 설명하기조차도 민망할 정도로 간단한 일인데 한국과 중국의 외교를 집어삼키는 대형 외교안보 및 경제 이슈로 번졌다. 문 정부의 원칙도 소신도 없는 친중 일변도의 정책이 몰고 온 참사였다. 결국 한미동맹에도 타격을 주는 매우 불편한 일이 되었다.

2017년 9월 7일 주한 미군은 경북 성주 소성리에 사드를 임시 배치했다.

사드는 근본적으로 북한의 핵무기 개발로 인해 한국에 주둔해 있는 미군과 그 주변 지역의 보호와 미사일의 탐지능력을 극대화하기 위한 방어 위주 장비다. 사드(THAAD, Terminal High Altitude Area Defense)라는 용어 자체가 고공 권역(40~150km)에서 최대 사거리 200km에 이르는 고고도 미사일 방어 체계의 핵심 수단이다.

한국과 미국은 2016년 7월 북한의 핵과 미사일 위협에 대응한다는 차원에서 사드를 주한미군에 배치하기로 최종적으로 결정했다. 그런데 북한 핵미사일에 대응하기 위한 방어용 대응체제를 가지고 국내 반미 단체와 중국이 들고 일어나 사드 배치 반대 운동을 벌였다.

성주 주민들과 이른바 평화를 사랑한다는 과격한 시민단체가 사드 기지에 통하는 진입로를 가로막고 시위를 벌였다. 사드 기지 건설에 필요한 군수품과 일반 생활용품 반입이 시위대에 의해서 가로막혔다. 헬기로 물자를 수송하는 기가 막히는 일이 미국의 동맹국 한국 땅에서 벌어졌으니 참으로 통탄할 일이다.

중국은 성주에 사드 부지를 제공한 롯데에 대해서 중국 내 롯데 사업장을 압박하기 시작했다. 롯데는 중국 내 영업을 중단하고 철수하기로 결정하는 등 막대한 경제적 손실을 입었다. 한국을 찾는 중국 관광객도 발길을 끊었다. 중국에 진출한 수많은 우리 기업들도 중국에서 철수하려고 했지만 그마저도 여러 규제 때문에 여의치 않았다. 기계와 장비를 그대로 두고 철수하는 경우가 비일비재

했다.

나는 주한 중국 대사의 초청을 받아 명동에 있는 대사관저를 방문했던 적이 있다. 당시 추궈홍 중국 대사와 미군의 사드 배치 문제를 놓고 열띤 토론을 벌였다. 논쟁에 가까웠다. 북한의 핵 개발을 저지하는데 중국이 두 손 놓고 방관하면서 북한 핵을 방어할 목적으로 배치되는 사드를 왜 중국이 나서서 문제 삼느냐고 매우 강한 어조로 말했다. 추 대사는 사드가 중국에도 위협이 된다는 주장을 펼쳤고 나는 중국 동부지역에 배치된 수많은 미사일 먼저 철수시키라고 되받아쳤다. 급기야는 함께 있던 의원들이 화제를 돌린 기억이 난다.

이런 상황에서 북한의 핵 개발에 대해서 중국에 대해서 따끔하게 말 한마디 못하는 문 정권은 도대체 어느 나라 이익을 대변하는 정권인가.

여기에 더해 문 정권은 중국에 대해서 "한국 정부는 사드 추가 배치를 검토하지 않고 있고, 미국의 미사일방어체제(MD)에 참여하지 않으며, 한미일 3국 간의 안보협력이 3국 간의 군사동맹으로 발전하지 않을 것"이라는 이른바 '3불 약속'까지 해줬다. 3불 내용은 앞으로 우리 외교 안보의 선택권을 스스로 걷어 차버린 '안보주권의 포기각서'라 해야 할 것이다.

앞으로 북한이 핵탄도미사일을 수십 개 보유해 실전 배치할 경우에도 사드 추가배치가 불필요하다는 것인가? 미국 MD체계의 핵우산이 필요 없다는 것인가. 한미일 3각 군사동맹은 유사시 한반도의 안정과 평화를 지키기 위한 자유주의 체제의 유일한 안보 시스템인데 이것을 미리부터 배제한다는 것인지 문재인 대통령에게 묻는다. 중국이 우리를 북핵으로부터 지켜준다는 약속은 받아냈는가. 생각할수록 굴종적인 약속을 중국에 해준 속내는 뭔가?

조선 시대 인조는 남한산성에 47일간 갇혀서 발버둥이라도 치다가 '삼궤구고두례'의 치욕을 겪었지만 문 정권은 미리 알아서 두 손 두 발 다 들고 항복한 격이다.

당시 3불 합의를 실무적으로 주도했던 남관표 국가안보실 2차장은 3년 뒤인 2020년 10월 국정감사에서 "중국에 언급한 세 가지는 약속도 합의도 아니다. 당시 한국 정부가 공개적으로 밝힌 것을 중국에 설명해 준 것이며 3불 합의라는 근거 없는 것이 떠돌고 있다"고 답변했다. 눈 가리고 아웅이다. 중국외교부는 이에 대해 "중한 양국은 2017년 10월에 사드 문제의 단계적인 처리에 대해 합의를 달성했다"고 반박하고 나섰다.

그러나 '합의'든 '협의'든 '약속'이든 강경화 외교장관은 국회에서 "3불 합의는 안보주권을 포기하는 것이 아니라 우리가 갖고 있던 기존의 입장을 반복했을 따름"이라고 발언한 것을 보면 결국 문 정권의 기본입장이자 기본 내용이라는 것을 중국에 확인해준 셈이다. 약속까지는 아니라도 한국 정부의 기존입장을 중국에 설명한 것이라면 그것은 한국 정부의 외교 노선이다. 중국은 이를 기초로 상황을 인식하고 대응하게 된다.

사드는 북한 핵무기 때문에 들여온 것이다. 그것도 주한미군이 스스로를 보호하기 위한 방어체제인데 따지려면 미국에 따지라고 했어야 맞다. 이런 원칙이 없으니 중국에 끌려다니고 있다.

중국은 헤이룽장성에 탐지거리 5,000km가 넘는 초대형 조기경보 레이더를 운용하면서 한반도 전역을 감시하고 있다. 지린성 통화와 쓰촨성 황룽지역에는 한반도를 겨냥한 탄도미사일 부대를 집중적으로 배치하고 있고 미사일이 무려 1,000여 기가 넘는 것으로 알려져 있다.

북한 핵미사일에 대비한 사드를 문제 삼는 중국이 자신들의 이런 초대형 레이더기지와 미사일 배치에 대해서 우리에게 제대로 설명해 준 적은 있나.

문 정권의 무소신과 무전략으로 사드는 한중 관계를 완전히 집어삼켰다. 사드 배치에 대해서 중국에 왜 들여오게 됐는지 이것이 싫다면 중국이 할 일이 무엇인지 강하게 주장하지 않았다. 중국이 꼬투리 잡을 명분만 제공했다.

또한 정부는 성주기지 사드 배치에 대해서 환경영향평가라는 이유로 무한정 시간만 끌었다. 군수품 반입을 막는 시위대를 제지하지 않고 방치하면서 미국 측의 신뢰도 흔들리고 있다.

문 정부의 대중국 3불 약속으로 한중관계, 한미관계가 흔들리고 일제 강제징용 대법원판결과 지소미아 파기문제로 한일관계마저 파행을 겪고 있다. 문재인 정부는 결국 동북아시아에서 한미일 3각 안보체제를 약화시키는 동시에 고립을 자초하는 줄타기를 하는 중이다. 미국이 한국보다 일본에만 더 의존하는 결과를 초래하면서까지 말이다. 북한의 갓끈 전술(갓을 벗기려면 좌우의 갓끈 가운데 하나만 끊어도 된다는 전술. 한미일 관계에서 한미나 한일관계를 끊으면 한미일 관계는 붕괴된다는 것으로 70년 간 이어져 오는 북한의 대한민국 적화통일의 핵심 전략)이 먹혀 들고 있는 상황이다.

18

투키디데스 함정에 빠진 미-중, 우리의 운명은?

펠로폰네소스 전쟁은 동맹 간의 전쟁

국제질서는 냉혹하다. 막강한 영향력을 유지하던 1등 국가는 새롭게 부상하는 2등 국가의 도전에 직면하게 된다. 이른바 '투키디데스 함정'이다.

미국 하버드대 정치학자 그레이엄 앨리슨은 《불가피한 전쟁(Destined for War, 2017)》에서 오늘날 주도권 다툼을 벌이고 있는 미국과 중국이 '투키디데스 함정'에 빠졌다고 분석한다.

앨리슨은 펠로폰네소스 전쟁(기원전 431~404)이 급속하게 힘이 세지던 아테네와 이를 견제하려는 스파르타가 충돌한 결과라고 설명한다. 이를 펠로폰네소스 전쟁의 역사를 기술한 역사가의 이름을 붙여서 '투키디데스 함정'이라 불렀다. 그리고 당시 상황은 오늘날 벌어지고 있는 미·중간의 패권 경쟁과 판박이라는 것이다.

이 대목에서 우리가 쉽게 놓치기 쉬운 것이 있다. 펠로폰네소스 전쟁도 동맹 간의 전쟁이었다는 사실이다. 아테네를 중심으로 하는 델로스 동맹과 스파르타를 주축으로 하는 펠로폰네소스 동맹 간의 혈투였다. 우리 머릿속에는 단순히 아테네와 스파르타만 기억하지만 케르키라, 코린토스, 메가라 등 수 많은 도시 국가들이 속한 동맹 대 동맹의 전쟁이었다.

이것은 무엇을 의미하는가? 냉혹한 국제질서 속에서 부처님 미소를 지으며 모호한 외교, 양다리 외교가 얼마나 어려운 일인가를 깨달아야 한다. 양쪽 진영 모두에게 신뢰를 받을 수 없는 상황에서 한쪽을 선택해야 할 때는 무엇이 기준이 되어야 하는지도 중요하다.

한반도는 과거 1000년 동안 늘 투키디데스의 함정에 빠진 강대국들의 전쟁터가 되었다. 조선의 왕과 신하들은 명·청 교체기에 바깥세상이 어떻게 돌아가는지 모른 체 국권을 상실하고 국왕이 중국 황제에게 땅바닥에 머리를 아홉 번씩이나 찧어 가면서 절을 하고 왕자와 공주, 50만 명의 백성들이 인질로 붙잡혀 가야 하는 비극을 겪어야 했다.

지금도 중국 심양 시내에 흰색으로 칠해진 하얀 탑이 있다. 병자호란 때 끌려간 조선 백성들이 매매되던 시장의 한복판이다. 미국이 노예시장에서 손과 발이 쇠사슬로 묶여서 백인들에 의해 물

건처럼 팔리는 장면을 우리는 영화에서 많이 봐왔다. 바로 그런 일이 우리 조선의 선조들을 상대로 똑같이 일어났다고 생각하면 얼마나 처참하고 서글픈 일인가. 그 하얀 탑은 임진왜란의 교훈을 까맣게 잊은 덕에 불과 30년 만에 다시 겪은 조선의 참상을 그대로 보여주고 있다.

기득권에 눈먼 지도층의 매국

이런 비극은 왜 계속되는 것일까.

임진왜란, 병자호란의 수난을 겪고도 조선말 고종은 망국의 길을 걸었다. 고종은 1863년 12살의 나이에 왕의 자리에 올랐지만 아버지 대원군의 그늘에 있어야 했다. 10년 후에 직권 통치를 시작하게 되지만 부인 민씨와 그 척족들에 휘둘려 세상 돌아가는 것을 제대로 파악하지 못한 채 러시아에 줄을 섰다.

당시는 세계에서 가장 강력한 패권군인 영국이 호시탐탐 태평양의 부동항을 접수하기 위해 남하를 시도하는 러시아를 견제하는 상황이었다. 이 때문에 1885년 영국은 한반도 남쪽에 있는 거문도를 점령한다. 러시아가 남쪽으로 더 남하한다면 격퇴하겠다는 경고의 의미였다.

영국은 동북아시아에서 러시아를 견제하기 위해 1902년 영일동맹까지 맺고 일본의 힘을 이용하기로 했다. 조선 침략의 야욕이 있었던 일본은 청일전쟁 승리에 이어 러시아와의 전쟁에서도 이겨 한일합방의 기반을 확고히 할 수 있었다.

이런 격변의 시기에 고종은 총 한 번 쏴보지 못하고 고스란히 나라를 일본에 빼앗겼다. 그러고도 왕실은 일본 황실로부터 왕족 작위를 수여 받고 넉넉한 지원금까지 챙겨 유복하게 지낸 것이다.

고종은 왜 세상 돌아가는 것에 둔감하고 무기력하게 나라를 빼앗겼을까. 국정의 최고 책임자와 그를 둘러싼 특권층들의 편협함 때문이다. 그 편협함은 자신들이 누리고 있는 기득권을 계속 유지하기 위해서 세상의 변화에 적응하지 않고 안주하려는 것이다.

지금 문재인 대통령과 그를 둘러싼 586 운동권 정치세력은 어떤가. 미국의 인도-태평양 전략과 중국몽의 일대일로가 부딪치는 국제정세의 격랑 속에 아직도 '우리민족끼리'라는 낭만적 현실에 안주하고 있다. 문 정권은 북한 핵에 대응하기 위한 사드 배치에 소극적인 태도를 보였다. 중국에는 사드 추가배치 중단, 미국의 미사일 방어체제에 참여하지 않겠다는 것, 그리고 한미일 군사동맹은 불가하다는 약속을 해버렸다. 안보동맹을 와해시킨 약속이었다.

문 정권은 미국의 기본 전략인 인도-태평양 전략에도 참여하지 않고 있다. 미국, 인도, 일본, 호주가 참여하는 쿼드체제에도 냉담하다. 미국이 태평양에서 벌이는 '항행의 자유 작전'에도 불참하고 있다.

이와는 대조적으로 중국이 주도하는 일대일로, 아시아 인프라 투자은행(AIIB), 역내포괄적경제동반자협정(RCEP) 등 일대일로에 적극 동참하고 있다. 시진핑 주석에게는 중국몽과 함께한다고는 했으니 동맹국 미국의 입장에서 한미동맹을 신뢰할 수 있을까.

미국의 국방은 세계 1위다. 국방비는 세계 2위부터 10위까지 국가를 합친 것보다도 많다. 이런 세계 제1의 강국과 동맹 관계에 있다는 것은 큰 행운이다.

동맹은 보험과도 같다. 정해진 날짜에 보험료를 지불하지 않고 지속적으로 연체하면 보험은 깨진다. 동맹도 그렇다. 더구나 6·25 전쟁에서 함께 피 흘린 동맹이다. 튼튼한 한미 안보동맹 덕분에 자원도 없는 가난한 나라가 산업화에 매달려 오늘날 경제발전을 이룰 수 있었다.

문재인 정권은 남은 임기만이라도 더이상 한미동맹을 약화시키는 누를 범해서는 안 된다. 국정 최고 책임자가 국제정세의 흐름을 읽지 못하고 편협한 주관에 빠져있을 때 나라가 어떤 운명을 맞게 되는지 역사가 말해주고 있다.

제4부

흔들리는 한미동맹과 한미일 3각 안보협력체제

19. '민족종교'에 빠져 한미동맹 흔드는 문재인 정권
20. 북한의 '갓끈 전술'에 무너지는 한미일 3각 안보협력체제
21. 잊을 수 없는 그 날, 아! 천안함
22 "폭탄이 떨어져도 평화 외쳐야…" 이인영은 몽상부 장관?
23. 백선엽과 박원순을 차별한 문재인 대통령

19

‘민족종교’에 빠져 한미동맹 흔드는 문재인 정권

정전협정 이후 평화를 지켜온 한미상호방위조약

서울에서 자동차로 자유로를 달려 30분만 북서쪽으로 가면 파주 오두산 통일전망대가 나온다. 서울 마포대교에서 42km 거리다. 자전거를 타고 한강 변과 좁은 시골길로 이어지는 평화 누리길(판문점 쪽으로 이어지는 자전거길)로 가도 두 시간 반 정도면 도착한다. 통일전망대에선 날씨만 좋으면 육안으로도 임진강 건너편 북한 마을이 보인다. 망원경으로 보면 나지막한 언덕길로 북한 주민들이 드문드문 오가는 모습, 농사짓는 모습도 자세히 볼 수가 있다.

남과 북이 이렇게 가까이 인접하면서 군사적으로 대치를 하고 있는데도 휴전 이후 70년 동안 전쟁이 다시 일어나지 않은 것이 오히려 기적처럼 느껴진다. 북한이 서울 등 수도권을 일거에 공격할 수 있는 방사포 수천 발을 실전 배치하고, 핵 무력을 완성해 가면서도 그들이 무력으로 남침을 감행할 수 없는 이유가 무엇인가.

가장 큰 요인을 꼽으라면 한미동맹이다. 1953년 10월 1일 한국과 미국 간에 맺은 한미상호방위원조협정 즉 한미상호방위조약 덕분이다.

한미상호방위조약은 전문과 본문 6개 조항으로 되어있다. 전문을 보면 "본 조약의 당사국은 외부로부터의 무력공격에 대하여 방위하고자 하는 공동의 결의를 선언할 것을 희망하고 태평양지역에 있어서 효과적인 지역적 안전보장조직이 발전할 때까지 집단적 방위를 위한 노력을 공고히 할 것"이라고 명기되어 있다.

본문 내용 제2조에는 '당사국 일방의 영토에 대한 무력공격에 공동의 대처'가 명시돼 있다. 6·25 정전협정 이후 이런 한미간의 조약 때문에 북한은 선불리 대남 무력 침략을 단행할 수 없는 것이다.

미국은 제2차 세계대전 이후 전 지구상에서 가장 풍요로운 경제 대국이며 강력한 군사 강국으로 자유민주주의 진영의 선봉장 역할을 해오고 있다. 그런 나라와 상호방위조약을 체결했다는 것은 정말 크나큰 행운이다.

그러나 이런 행운이 저절로 주어진 것일까. 절대 그렇지 않다. 한미동맹은 6·25전쟁 과정에서 함께 흘린 피의 대가다. 3년 넘게 지속된 6·25전쟁 기간 중에 우리 국군 14만 명이 전사했다. 45만 명이 부상을 입어 불구가 됐고 전쟁 후유증으로 시달리다 숨진 사람의 통계는 알려지지도 않았다. 실종자는 2만 5,000명이 넘고 국군 포로도 6만 명이 넘지만 전쟁 후에도 돌아오지 못했다. 250만 명의 민간인들도 희생됐다.

〈한미상호방위조약에 서명하고 있는 변영태 외무장관과 덜레스 미국무장관〉

미군은 어떤가. UN의 이름으로 참전한 연인원수가 195만 명인데 그 가운데 미군이 178만 9,000명이다. 대다수가 미군이었던 것이다. 참전한 미군은 주로 20대의 청년들인데 5만 4,000명이 목숨을 잃었고, 10만 명이 부상을 당했으며 8,177명이 실종됐다(국방부 군사편찬연구소 통계).

이렇듯 미군은 6·25전쟁에서 큰 희생을 치렀다. 미국은 6·25전쟁이 계속돼 더 큰 희생으로 이어지는 것을 원치 않았다. 더구나 중공군이 참전하는 바람에 전쟁의 규모가 더욱 확대될 조짐마저 있었다. 그래서 휴전협정을 서둘렀다. 이런 움직임에 가장 걸림돌이 된 것이 바로 이승만 대통령이다.

이승만 대통령은 엄청난 인명이 이미 희생된 상황에서 전쟁을 그만두는 것은 역사에 죄를 짓는 것이요 끝까지 북진해서 통일을 이뤄야 한다고 주장했다. 미국은 거추장스러운 이승만 대통령을 제거할 계획(Ever ready)까지 세웠지만 이승만 대통령을 대체할 인물도 마땅치 않아 계획을 실행하지 못했다.

이런 상황에서 이승만 대통령은 1953년 6월 18일 0시를 기해 '반공포로석방'을 단행했다. 전국에 있는 포로수용소에 있는 반공포로 3만 5천명 가운데 2만 7천 명을 풀어주었다.

이승만의 강력한 의지를 확인한 미국 측에서는 한국과 상호방위조약을 약속하고서야 휴전협정을 맺을 밖에 없었다. 이승만 대통령의 고집스런 혜안이 결실을 맺은 것이다.

이로써 한반도에서 전쟁이 일어날 경우에는 미국이 자동으로 개입하게 되는 한미상호방위조약이 체결됐다.

이 조약이 가조인되던 1953년 8월 8월 덜레스 미 국무장관은 "이 조약은 우리 청년들의 피로 봉인되었다"며 조약의 역사적 중요성을 강조하였다. 그 다음날 이승만 대통령도 "오늘날 미국과 상호방위조약이 성립된 것은 1882년 조미통상조약 이후로 우리나라 독립 역사상 가장 긴중한 진전이다. 이제 한미방위조약이 체결되었으므로 우리 후손들이 앞으로 수 대에 걸쳐 이 조약으로 말미암아 갖가지 혜택을 누릴 것이다"라고 담화를 발표했다.

휴전협정 이후 한반도에서는 북한의 산발적인 무력 도발은 있었지만 전면적인 남침을 획책하지는 못하고 있다. 그것은 한미상호방위조약의 힘이다. 조약에 따라 미군이 동맹군의 이름으로 한국에 주둔하면서 북한의 대남 도발에 대비해 경계와 훈련을 실시하고 있기 때문이다.

흔들리는 한미동맹과 굴종적인 대(對)중국 외교

문재인 정권 출범 이후 한미동맹의 근간을 흔드는 일들이 계속 이어지고 있다. 어떤 일이 벌어졌나.

첫째, 사드 배치 문제를 둘러싸고 문 정권은 동맹의 신뢰를 상실했다.

북한의 핵미사일에 대비하기 위해 들여온 사드에 대해서 문 정권이 협조하지 않을뿐더러 이를 방해하는 시민단체의 불법행위를 눈감아 주고 있다.

사드 기지에 필수적인 군수품의 반입을 물리력으로 막고 있는 시민단체를 나 몰라라 하고 있다. 군수품을 헬기로 실어 나르는 상황까지 벌어지고 있다. 환경영향평가라는 명분으로 사드의 최종적인 배치를 늦추고 있는 것도 문제다. 사드가 배치된 근본 원인은 북한이 핵미사일 아닌가. 그럼에도 박근혜 정부 때 약속한 사드 배치를 문 정권은 사실상 뒤집었다.

둘째, 미국이 주도하는 각종 군사훈련에 대한 불참이다.

남중국해와 태평양으로의 중국의 팽창을 견제하기 위해 미국이 주도해 실시하는 '자유 항행작전'에도 참가하지 않고 있다. 미국, 일본, 호주, 영국, 프랑스 등 자유 진영 국가들은 남중국해의 광활한 영역에 대한 중국 정부의 근거 없는 영유권 주장과 불법 점거에 연대해 항거하고 있다. 한국은 이런 작전에 참여하지 않고 있어 중국의 남중국해 인공섬 건설과 영유권 주장을 묵인하는 나라로 인식돼 가고 있다.

하와이에 있는 인도태평양 사령부의 사령관 집무실에는 중국이 남중국해에 조성한 인공섬 미니어처 실물지형이 한 평 정도의 크기로 만들어져 있다. 그만큼 미국은 중국의 남중국해 진출을 경계하면서 작전 훈련을 하고 있다.

우리나라가 미국이나 일본, 호주, 영국 등과 해양 공동작전 훈련에 자꾸 빠지게 된다면 향후 미국과 중국이 실질적으로 충돌을 일으켰을 때 에너지 수송로를 확보하지 못하게 될 수도 있다.

문 정권은 또 한미연합훈련에는 소극적이면서 전시작전통제권 반환에는 열을 올리고 있다. 훈련하지 않는 군은 존재의 가치가 없다. 소방대원들이 화재가 일어나지 않더라도 일상적으로 불을 끄는 훈련을 해야 한다. 군도 마찬가지다. 전쟁이 일어나지 않더라도 늘 대비훈련을 해야 한다.

그러나 문 정권 출범 이후 제대로 된 한미연합 기동훈련을 한 사례가 없다. 남북 간, 북미 간 정상회담이 있었고 평창 동계 올림픽, 그리고 코로나 상황이 있었지만 연합훈련은 그런 일과는 무관한 일이다.

한미연합 훈련 자체를 다른 정치적 이벤트와 연결시키는 순간 한미동맹과 한미 연합훈련을 반대해온 북한의 입장과 논리를 그대로 수용하는 꼴이 된다.

북한은 핵미사일과 핵잠수함을 만들면서 핵무력을 완성해 가고 있다. 지난 1월 노동당 8차 대회에서는 '국방력을 바탕으로 대남통일과업을 앞당기자'고 대외적으로 천명하면서 노동규약까지 바꿨다. 이런 상황에서 우리만 훈련을 하지 않으면서 평화를 지키겠다고 하는 것은 매우 순진한 발상이다.

셋째, 노골적인 친중 외교다.

중국에 대해 3불 약속을 하는 등 친중 정책을 펴면서 한미일 3각 안보협력 체제를 와해시키고 있다. 3불 약속은 문 정권이 저지른 대중국 굴종 외교의 대표적인 상징이다. 자유민주주의를 기반으로 하는 한·미·일 3자 안보협력 체제에서 벗어나 6·25전쟁 공동전범 국가들인 북중러 3각 체제로 옮아가는 것을 의미한다.

문 정권 외교관들은 아예 드러내 놓고 반미 외교를 서슴지 않고 있다.

이수혁 주미 대사는 국정감사를 받는 자리에서 "한국은 70년 전에 미국을 선택한 것이고 앞으로 70년간 미국을 선택하는 게 아니다. 앞으로도 미국을 사랑할 수 있어야, 우리의 국익이 되어야 미국을 선택하는 것"이라고 했다. 이게 동맹국에 주재하는 대사의 입에서 나올 수 있는 말인가.

이 발언은 파장이 너무나 컸다. 에번스 리비어 전 미국 국무부 동아태 담당 수석부차관보는 "처음에는 이 대사의 말이 잘못 번역된 거라고 확신했다… 이 대사의 발언은 한국이 미국과의 동맹에서 멀어질 수도 있음을 시사하는 것으로 보인다"라는 말했다.

문재인 대통령의 외교안보 특보인 문정인 교수는 외국 언론과의 인터뷰에서 "한국이 미국 편에 서면 북한을 포함한 한반도 평화와 번영을 담보하기 어렵게 된다"고 주장하면서 "미중 대립이 격화할수록 한국의 선택지는 제한되기 때문에 대립을 완화하는 방향으로 움직여야 한다. 나는 이것을 한국이 살길로 초월적 외교라고 부른다"라고 했다. 가상현실에서나 가능한 초월적 발언이다.

정부의 외교안보정책 연구기관인 국립외교원 김준형 원장은 한미관계를 '가스라이팅' 상태라고 표현한 책까지 출간했다. '가스라이팅'이란 지속적인 상황조작으로 상대방의 판단력을 잃게 만들어 지배함으로써 결국 그 사람을 파국으로 몰고 간다는 뜻이다.

김 원장은 "한미동맹은 신화가 되었고 우리는 동맹에 중독됐다"라는 주장도 했다. 70년 동안 대한민국의 안보를 지켜온 동맹을 이처럼 헌신짝 취급해도 되는 것인가.

문 정권의 한미동맹 흔들기의 배경과 원인은 어디에 기인할까. '우리민족끼리'라는 감상적 민족주의를 국정운영 노선으로 하고 있어서다. 냉혹한 국제정치의 현실을 이해하지 못하는 결과다. 평화는 평화를 지킬 수 있는 힘이 있을 때 지켜진다. 힘이 없을 때는 균형외교와 초월외교가 애당초 불가능하다.

한미동맹은 이승만 대통령이 먼 미래를 보고 희생을 통해 가입한 국가의 생명보험이다. 보험은 잘 관리하지 않으면 깨지게 돼 있다. 민족과 남북대화만 내세워 평화를 이루겠다는 문 정권은 '우리민족끼리'라는 가상현실에서 빠져나와야 한다. 국제정치의 현실을 직시해야 나라의 안보와 국민의 생명이 지켜질 수 있음을 깨달아야 한다.

20

북한의 '갓끈 전술'에 무너지는 한미일 3각 안보협력 체제

/

한미동맹, 한일관계 중에 하나만 망가뜨려도 된다는 전술

북한의 대남정책, 적화통일을 이루기 위한 기본전술은 이른바 '갓끈 전술'이다. 북한 김일성은 1972년 김일성 정치대학 졸업식 연설에서 "머리에 쓰는 갓은 두 개의 끈 중에서 하나만 잘려나가도 바람에 날아간다"고 말했다. 여기서 나온 말이 북한의 '갓끈 전술'이다.

북한의 주체사상을 창시한 황장엽은 한미동맹을 약화시키고 한일우호 관계를 흠집 내는 것이 '갓끈 전술'이라며 국내에 망명 이후 처음 이 사실을 알렸다. 즉 한국과 미국 사이의 틈을 벌려놓고 한국과 일본을 이간시키는 것이다. 둘 중에 하나만 성공해도 한미일 3각 안보협력 체제는 무너지고 북한에 의한 적화통일의 가능성이 훨씬 커진다는 것이다.

그런데 한미동맹은 우리의 안보를 지켜온 주춧돌이며 경제성장의 안전판 역할을 해왔다는 것을 우리 국민 대다수가 인정하고 있다. 따라서 좌파 진영의 시민단체나 종북세력이 주한 미군 철수 등을 주장하긴 해도 대다수 국민은 이들의 선동에 동조하지는 않는다.

이에 비해 한일관계는 언제든지 반일감정에 쉽게 불붙을 수 있다. 1965년 한일 국교 정상화 이후 한일관계는 우호 관계 속에서도 늘 긴장의 요인들이 잠재하고 있다. 특히 문재인 정권 출범 이후 한일관계는 한일협정 이후 최악의 상황이다.

문 정부의 일본군 위안부 합의 뒤집기, 대법원의 일제 강제징용 피해자 문제 판결, 지소미아 협정 파기 시도 등 한일관계를 최악으로 내모는 조치들이 이어졌다. 일본 정부 역시 한국에 대해 경제보복 조치의 하나로 백색국가(화이트리스트)에서 제외하는 내용의 수출무역관리령을 강행했다.

조국 전 청와대 민정수석은 '죽창가'까지 들먹이면서 반일감정 고조에 불을 붙였다. 국내에 들어와 있는 일본 유니클로 매장은 문을 닫고 일식집도 영업을 포기하는 사태가 빚어졌다. 양국을 방문하는 관광객이 끊긴 것은 물론이다.

그런데 박지원 국정원장을 비롯한 문 정부 인사들은 갑자기 일본으로 달려가 미래 지향적인 한일관계가 필요하다며 대화와 협력을 강조하는 이중적 행동에 나섰다.

도쿄 올림픽에 북한이 참가하면 또 한 번 평창 동계 올림픽에서 보여줬던 남북 평화 쇼 같은 것이 가능할 거라는 생각을 했는지도 모르겠다. 하지만 최근 북한이 도쿄 올림픽 불참을 선언하면서 이런 기대마저도 물거품이 되고 말았다.

외교 관계는 상대방이 있는 게임이다. 쌍방의 노력 없이 좋은 관계를 유지하기 어렵다. 특히 과거 일제 강점기 식민통치를 받은 우리로서는 늘 일본에 민감할 수밖에 없다. 하지만 극일은 반일감정으로 해결될 수 없다. 국제사회와의 공조를 통해서 일본의 진정성 있는 사죄를 이끌어내야 한다. 또한 이미 사죄한 부분에 대해서는 받아들이고 양국의 미래 지향적인 관계를 만들어가는 것이 바람직하다.

진정한 극일은 일본보다 경쟁력 있는 상품을 만들고 인류의 보편적인 가치문제에 국제사회에 더 적극적으로 기여할 때 가능하다. 일본 유학하면 친일파고, 주일 대사관 행사에 참여하면 토착왜구라는 낙인찍기는 국익에 도움이 되지 않는다. 오히려 국민을 분열하는 정치 선동에 지나지 않는다.

안보 문제에서는 또한 어떤가. 북한의 핵 위협에 대응하고 우리의 방공식별구역을 한 해에 수십 차례 이상 침범하는 중국의 군사적 도발에 대응하기 위해서는 일본과의 긴밀한 협력 관계가 매우 절실하다.

미국의 고위 정부 관료들이나 정치인들, 특히 군사령관들을 만

나면 한반도 평화와 안보를 위해서 한일 간의 긴밀한 협력을 매우 강조하는 것을 알 수 있다.

2017년에 만났던 미 인도태평양 사령부 해군, 공군 사령관들은 나에게 북한이 발사하는 미사일을 실시간으로 탐지하는 데는 일본의 도움이 크다고 얘기해 준 바 있다. 지리적으로 북한과 가까운 일본은 위성과 통신, 해상 초계기 등의 탐지를 통해서 북한군의 움직임을 세밀하게 감시하고 있다. 한일관계가 원만해야 한미일 3각 안보협력 관계가 최대치의 능력을 발휘할 수 있음을 말해준다.

이 밖에도 현재 일본에는 한반도 유사시에 전력(戰力)을 제공하는 유엔기지 7군데가 운영 중이다. 본토에 요코타, 사세보, 요코스카, 캠프지마 4곳과 오키나와에 있는 후텐마, 가데나, 화이트비치 3곳이다. 이 유엔사 후방기지는 실질적으로는 주일 미군기지라 할 수 있다. 7곳에 있는 병력과 군수 물자들은 유사시 한국으로 이동하기 위해서는 일본 해상자위대의 지원도 필요하다.

친일 인사로 구성된 김일성 정권

북한은 이런 사정을 잘 알기 때문에 한국과 일본 사이를 벌려놓기 위한 갖끈 전술로 '우리민족끼리'란 기치 아래 반일감정을 고조시켜오고 있다. 남한 내 반일감정을 확산해 동조하는 세력을 통일전선의 대상으로 삼는 전략이다. 여기에서 통일전선이란 사회주의혁명을 수행하는 과정에서 연대할 수 있는 세력과 구성하는 연합체를 말한다. 반일 민족 정서로 남과 북이 함께 일반을 배척하자는 목적이다.

이런 맥락에서 북한은 일제 강점기에 김일성 항일 독립투쟁 경력을 과대 포장하고 마치 북한이 친일청산을 잘한 정통성이 있는 정부로 주장한다. 이에 비해 대한민국 정부는 정통성이 없다는 현대사 왜곡도 동시에 펴고 있다. 그렇다면 정말 북한이 조선민주주의인민공화국을 건립하는 과정에서 친일청산을 잘했다고 할 수 있을까. 역사적 사실은 전혀 그와 반대다.

대한민국 및 북한 초대 정권 구성 비교 (*는 입법.사법부)

• 북한 김일성 정권의 친일파 출신 주요 인사

김영주	북한 부주석. 당시 서열 2위. 김일성 동생(일제강점기 헌병보조원)
장헌근	북한 임시인민위원회 사법부장. 당시 서열 10위(일제강점기 중추원 참의)
강양욱	북한 인민위원회 상임위원장. 당시 서열 11위(일제시대 도의원)
정국은	북한 문화선전성 부부상(아사히신문 서울지국 기자)
김정제	북한 보위성 부상(일제강점기 양주군수)
조일명	북한 문화선전성 부상(친일단체 '대화숙' 출신, 학도병 지원유세 주도)
홍명희	북한 부수상(일제강점기 임전대책협의회 가입 활동)
이 활	북한 초대 공군사령관(이제강점기 일본군 나고야 항공학교 정예 출신)
허민국	북한 인민군 9사단장(일제강점기 일본군 나고야 항공학교 정예 출신)
강치우	북한 인민군 기술 부사단장(일제강점기 일본군 나고야 항공학교 정예 출신)
김달삼	조선노동단 제주 4·3사건 주동자(일제 일본군 소위)
박팔양	북한 노동신문 창간발기인. 노동신문 편집부장(일제 만선일보 편집부장)
한낙규	북한 김일성대 교수(일제강점기 검찰총장)
정준택	북한 행정10국 산업국장(일제강점기 광산지배인 출신. 일본군 복무)
한희진	북한임시인민위원회 교통국장(일제강점기 함흥철도 국장)
이승엽	남로당 서월 2위, 월북 후 빨치산 유격투쟁 지도(일제강점기 식량수찰기관인 '식량영단' 이사

• 대한민국 초대 이승만 정권의 독립운동가 출신 주요 인사		
이승만	태통령	상하이 임시정부 대통령
이시영	부통령	상하이 임시정부 내무총장
이범석	국방장관	광복군 참모장
이윤영	무임소장관	국내 항일 운동
이청천	무임소장관	광복군 총사령관
장택산	외무장관	청구구락부사건
윤치영	내무장관	흥업구락부사건
이 인	법무장관	한일변호사, 한글학회사건
김도연	재무장관	2·8독립사건
임영신	상공장관	독립운동가 교육가
안호상	문교장관	항일교육
전진한	사회장관	국내 항일
윤석구	체신장관	국내 항일, 6·25 전쟁 중 인민군에게 총살
민희식	교통장관	재미 항일
김병연	총무처장	국내 항일
이순탁	기획처장	국내 항일
김동성	공보처장	국내 항일
* 신익희	국회의장	상하이임시정부 내무총장
* 김병로	대법원장	항일 변호사

류석춘 연세대 교수와 김광동 나라정책연구원장이 분석한 자료(류석춘, 김광동 '북한 친일청산 허구와 진실' 격월간지 시대정신 2013)에 따르면 북한 김일성 주석의 초대 내각과 정권의 주요 인사 16명이 친일파인 것으로 드러났다.

김일성 집안에서는 친일파 출신들이 대거 배출된 사실도 밝혀졌다. 부주석으로 임명된 김일성의 동생 김영주(서열 2위)는 일제 강점기 헌병 보조원으로 근무했다. 김일성의 어머니 강반석의 7촌 아저씨 강양욱은 일제 강점기 도의원을 지냈다. 강양욱은 북한

인민위원회 상임위원장을 지냈다. 서열 11위였다.

내각에도 친일파가 많았다. 부수상 홍명희, 사법부장 장헌근, 문화선전성 조일명 부상, 초대 공군사령관 이활 등 모두 일제 강점기에서 요직을 거친 친일파 인물들이다.

이에 비하면 이승만 초기 내각은 상하이 임시정부에서 활동했던 독립운동가들이 주류를 차지했다.

역사적 사실이 이러한데도 대한민국은 이승만 정권부터 친일청산을 제대로 하지 못한 정부며, 북한은 친일청산에 성공한 정통성을 갖춘 정부라는 인식이 좌파진영에서 널리 퍼졌다. 역사를 왜곡하고 이를 혁명을 위한 수단으로 삼아온 사이비 진보학계와 586주사파 운동권, 전교조 등은 북한식 주장을 국민에게 퍼트려 왔다.

반일감정을 앞세우고 '3불 약속' 등 친중 정책을 앞세운 문 정권의 '우리민족끼리'식 친북 노선은 한국이 자유민주주의 진영인 한미일 연합세력에서 멀어지고 6·25 남침의 공범 국가들인 북·중·러 북방 세력 진영 쪽으로 기운다는 우려를 주고 있다. 북의 갓끈 전술이 현실화되고 있는 위험천만한 상황이다.

21

잊을 수 없는 그 날, 아! 천안함

2010년 3월 26일 금요일 저녁, 지금도 생생하다

우리나라의 탁구 영웅하면 이에리사 선수를 떠올리는 분들이 많다. 1973년 4월 유고슬라비아 사라예보에서 열린 세계 탁구선수권 대회에서 한국 여자대표팀이 중국과 일본을 꺾고 우승을 차지했다. 그때 정현숙, 박미라, 이에리사 선수로 짜인 우리 대표팀은 국민적인 영웅이 됐다. 당시 19세의 나이 어린 이에리사는 특이한 이름으로 순식간에 스타로 떠올랐다.

나는 실력은 거의 초보 수준이지만 탁구를 좋아해서 18대 국회 당시 한나라당 비례대표 의원이 된 이에리사 의원과 가깝게 지냈다. 가끔 국회 체육관에서 이 의원으로부터 개인 레슨도 받았다. 내게는 더할 나위 없는 영광의 시간이었다. 결국 우리 두 사람은 국회 탁구동호회를 만들었고 공동 회장을 맡기도 했다. 그렇게 해서 국회의원과 언론인, 사무처 직원 모두가 참여할 수 있는 국회 탁구대회를 열었던 적이 있다. 그 탁구대회가 열린 날이 바로 2010년 3월 26일이다.

저녁에 행사를 마치고 강북 강변도로를 달려 귀가하던 중에 라디오에서 뉴스 속보가 흘러나왔다. 서해 백령도 근처에서 작전 중이던 우리 해군 천안함이 침몰됐다는 소식이었다. 작전 중이던 해군 함정이 침몰 중이라니 도무지 믿을 수 없었다. 아무리 파도가 높게 일거나 해도 해군 함정이 침몰 될 리가 만무하기 때문이다. 그렇다고 매일 작전 훈련을 하는 군의 함정이 운항을 잘못해서 암초에 걸려 침몰한다는 것도 상상하기 어려운 일이다.

당시에 나는 국회 국방위 소속이 아니라 외교통일위원이었기 때문에 즉각적으로 군 정보 책임자로부터 사건정보를 접하지 못하는 상황이었다. 일단 친분이 있는 육군 장성들에게 전화를 걸었다. 그들도 언론뉴스를 보고 있는데, 그 이상의 소식은 알지 못했다. 어이없는 일이었다. 아무리 군이 육해공군으로 나뉘어 있지만 해군 함정이 침몰하는 상황이라면 해군이든 육군이든 공군이든 상황전파가 신속히 이뤄져야 하는 것 아닌가. 어쨌든 불길하고 이상한 느낌이 들었다.

그 후 이어지는 천안함 사건 뉴스는 온 나라를 집어삼키는 톱뉴스가 되었다. 책임론, 음모론이 뒤섞여 국민을 분노와 흥분의 도가니로 몰아넣었다. 정치권과 시민단체를 중심으로 근거 없는 공방이 이어졌다.

나도 외통위원으로서 다른 국방위원들과 천안함 사건 진상조사위원회 위원으로 참여했다. 당시 김태영 장관과 여러 군 관련자들을 상대로 국회에서 질의를 이어갔다. 결국 5월 20일 미국과 호주 등 5개국 전문가들로 구성된 민군 합동조사단은 약 두 달 동안의 합동조사 결과를 발표하기에 이른다. 결론적으로 우리 해군의 초계함인 천안함(PCC 772)은 북한군의 250kg급 어뢰 공격으로 침몰한 것으로 발표됐다.

천만다행스럽게 쌍끌이 어선에 의해 해저에서 '1번'이라고 써진 북한군 어뢰 추진체가 발견됐다. 북한군에서는 우리 해군과는 다르게 잠수정에 싣는 어뢰에 수기로 번호를 매겨 병기창에서 관리하고 잠수정에서 발사할 때도 가장 신뢰할 수 있는 어뢰부터 발사한다는 탈북 전문가들의 증언도 있었다(주성하 기자의 서울과 평양 사이, 동아일보 2020. 11. 12).

합동조사팀의 최종적인 조사결과 보고서는 유엔 안보리에 회부되고 북한의 공격을 규탄하는 의장성명서가 채택됐다. 그런데 북한의 명백한 도발로 빚어진 이번 사건을 두고도 좌파세력은 음모론 주장을 멈추지 않았다. 지금도 진상을 재조사해야 한다고 주장이 있다. 조사결과가 자신들이 원하는 대로 나오지 않자 포기하지 않고 있다.

〈바다에서 수거된 북한 어뢰 추진체〉

최근 예편한 천안함의 함장 최원일 대령의 말대로 끝없이 음모론을 제기하는 사람들은 진실을 마주할 용기가 없는 것이다. 그리고 천안함 피격이 북한에 의해서 저질러진 반인륜적인 극악무도한 만행이라는 것을 인정하고 싶지 않은 것이다. 북한 만행이 아니라 미국과 그 앞잡이인 우리나라 보수정권의 만행으로 결론이 나길 보고 싶은 것이다. 최소한 북한이 했다는 정황과 증거가 명확하지 않다는 물타기 주장이라도 하고 싶은 심정에서다.

실상은 어떤가? 북한이 1, 2차 연평해전을 일으키고 핵실험을 시작한 일, 가장 많은 미사일 발사실험을 한 것은 모두 남북평화와 대북 지원을 강조했던 햇볕정책을 실시했을 때였다.

북한의 각종 도발이 있을 때마다 북한 편을 들어주고 끊임없이 음모론을 제기한다고 해서 북한은 고마워하지도 않는다. '삶은 소대가리'가 웃는다는 비웃음을 받고 '특등 머저리' 취급을 받는 것이 북한으로부터 돌아오는 응답이다.

북한 주민을 위한 북한의 개혁개방, 인권개선이 아니라 북한 정권의 눈치만 보는 친북 국정운영은 자유민주주의를 기반으로 하는 남북통일을 멀어지게 할 뿐이다.

22

"폭탄이 떨어져도 평화 외쳐야…" 이인영은 몽상부 장관?

2020년 7월 30일 이인영 통일부 장관은 호국영령들이 들으면 무덤에서 벌떡 일어날 만한 언급을 했다.

"폭탄이 떨어지는 전쟁 한복판에서도 평화를 외치는 사람만이 더 정의롭고 정당할 수 있다"

이 장관은 통일부 장관에 취임한 지 사흘 만에 국립서울현충원에서 호국영령들께 참배한 직후 현충원 안에서 이 같은 말을 했다. 이런 발언을 한 이 장관을 평화를 지극히도 사랑하는 평화주의자라고 그냥 넘길 수 있는 문제일까.

이인영 장관은 이미 4선 중진의원으로 집권 여당의 원내대표를 지냈다. 이젠 통일부 장관으로서 언급하는 한마디 한마디는 북한에 던지는 비중 있는 대북 메시지가 된다. 그 자체가 대북정책이란 말이다.

북한은 이 장관의 발언이 있기 불과 한 달 전에 개성에 있는 남북공동연락사무소를 보란 듯이 폭파했다. 김여정은 대북 전단을 금지하는 법안이라도 만들라고 문 정부에 호통까지 친 상황이다. 이런 마당에 아무리 남북대화를 중시하는 통일부 장관이어도 어떻게 포탄이 떨어지는데 평화를 외친다는 발언을 국립현충원에서 할 수 있는가.

〈고려대 운동장에서 연설하는 이인영 당시 고려대 총학생회장〉

이 장관의 발언에서 고려대 총학생회장이면서 전대협 1기 의장 이인영의 이미지가 떠오른다. 전두환 군부독재 시절, 민주화를 염원하는 학생들이 구름처럼 몰려든 고려대 대운동장. 낡은 점퍼를 입고 손을 추켜세우며 반미-반독재 투쟁을 소리 높여 외치던 그 시절의 이인영….

이 장관은 아직도 평화를 외치면 평화가 지켜지고 남북이 같은 민족, 한 핏줄이라는 뜨거운 마음으로 만나 대화만 나누면 평화가 찾아오리라 생각하는 것일까.

김정은은 지난 8차 노동당 대회 사업총화에서 '강력한 국방력'을 강조했고 구체적으로 핵무기 개발계획을 발표했다. '핵무기 전술 무기화', '핵 무력 고도화 투쟁' 등 핵 관련 발언을 무려 36회나 거듭했다.

1월 14일 야밤 추운 엄동설한에서 열린 열병식에선 새로운 잠수함발사 탄도미사일(SLBM) 북극성-5호를 과시했다. 대남 타격용이라 할 수 있는 북한판 이스칸데르 개량형 KN-23도 등장시켰다.

이번 당 대회는 북한의 헌법보다도 사실상 더 우위에 있는 당규약에 '강력한 국방력으로 조국 통일의 역사적 위업을 앞당길 것'이라는 내용을 포함하기까지 했다.

이인영 장관의 생각이 참으로 궁금하다. 북한은 강력한 핵 무력으로 통일을 하겠다는 것인데 통일부장관은 포탄이 떨어져도 평화만 주장할 건가. 국가안전보장회의(NSC)에 참여해 국가의 비상상황을 점검하고 대책을 마련하는 회의에서도 그렇게 발언할 것인가.

이 장관은 작년 7월 취임 이후 육군 부대나 판문점 등을 방문한 것은 보도자료를 발표하면서까지 대외적으로 알렸다. 그런데 정작 통일부 산하기관 하나원 방문은 비공개로 진행한 이유에 대해 궁금증을 더했다. 탈북민 업무를 주로 다루는 통일부 장관이 하나원 방문을 공개하지 않는 것은 북한 인권과 탈북민에 대해서 예민하게 반응하는 북한의 눈치를 보는 것이 아닐까.

이 장관은 더 나아가 한미연합훈련에 대해 연일 발언을 쏟아내면서 주무 부처인 국방부나 합동참모본부를 당혹스럽게 했다. 이 장관의 발언을 들어보자.

1월 25일 기자 간담회: "군사훈련도 심각한 군사적 긴장으로 가지 않게 우리가 지혜롭고 유연하게 해법을 찾지 않을까 기대합니다."

2월 1일 TBS 김어준의 '뉴스공장' 인터뷰: "군사훈련이 연기되어서 남북관계가 개선되는 데로 물꼬를 틀 수 있다면 그 방향을 선택하는 것이 국익에도 도움이 되겠다고 생각하고 있습니다."

2월 4일 국회 대정부질문 답변: "한미군사훈련이 진행된다면 나름대로 일정한 반발과 그로 인한 어떤 긴장의 유발 가능성, 이런 것이 있다고 보는 것이 상식적인 판단일 것 같습니다."(통일장관이 왜? 한미연합훈련 발언 쏟아내는 이인영. 이용수 기자. 조선일보 2021. 2. 6)

이 장관 발언은 '한미연합훈련은 남북관계에 있어서 긴장을 유발할 수 있으니 자제하면 좋겠다'는 뜻으로 해석된다.

여기에 화답이라도 하듯이 북한 김여정은 3월 16일에 담화문을 발표했다.

"우리는 지금까지 동족을 겨냥한 합동 군사연습 자체를 반대하였지 연습의 규모나 형식에 대해 거론한 적은 단 한 번도 없다… 앞으로 남조선 당국의 태도와 행동을 주시할 것이며, 감히 도발적으로 나온다면 북남군사합의서도 시원스럽게 파기해버리는 특단의 대책까지 예견하고 있다."

김여정의 독기 품은 담화문은 결국 무엇을 말하는가. 북한은 한미연합훈련 자체를 반대하는 것이다. 이와 같은 입장은 어제오늘의 일이 아니다.

이런 상황에서 이인영 장관은 북한의 입장에 동조하는 발언을 한 것 아닌가. 어이없는 노릇이다.

한미연합훈련은 기본적으로 북한의 남침에 대비한 연합방어훈련이다. 6·25전쟁과 정전협정 이후 우리는 단 한 번도 북한에 대해 무력으로 선제 도발을 한 적이 없다. 북한은 대남 간첩 침투를 포함해 각종 미사일 발사시험 등 모두 5,500여 회 이상의 도발을 단행했다.

문제가 있다면 3대 세습을 통해서 권력을 유지하고 북한 주민을 굶주리게 만드는 김정은 등 북한 정권에 있는 것이다. 한미연합훈련이 남북관계를 긴장시키고 평화를 해친다는 시각은 정확하게 북한 정권의 논리다.

내가 국회 국방위원장이었던 2017년 해리스 인도 태평양 사령관을 만나 한미 연합훈련에 대해서 이야기를 나눴던 적이 있다. 해리스 사령관의 말이다.

"군인은 훈련을 해야 합니다. 소방관이 화재가 발생하지 않아도 매일 불 끄는 소방훈련을 해야 하는 것과 같습니다. 전쟁이 일어나지 않아도 군은 훈련을 하고 대비를 해야 합니다. 군이 준비되어야 우리의 외교관들이 협상 테이블에서 평화를 얘기할 수 있는 거죠"

백번 맞는 말이다. 평화는 힘이 있고 전쟁에 싸워 이길 준비가 되어있지 않은데 지킬 수 없는 것이다. '평화'만을 주장하는 것은 사이비 평화론자나 몽상가라고 할 수 있다.

사이비 평화론자들은 다음과 같은 역공을 취하기 일쑤다.

"그럼 전쟁이라도 하자는 말입니까?"

그렇다면 소방훈련을 열심히 하는 소방관들에게 한 번 물어보기 바란다.

"지금 불을 내자는 것입니까"

23

백선엽과 박원순을 차별한 문재인 대통령

"명령이다! 내가 후퇴하면 나를 쏴라!"

'저 아래 미군들이 있다. 여기서 밀린다면 저들도 철수한다. 그러면 대한민국은 끝이다. 내가 앞장서겠다. 내가 두려움에 밀려 후퇴하면 너희들이 나를 쏴라. 그리고 백선엽은 허리춤에 있던 권총을 빼 들었다. 이어 그는 땅바닥에 주저앉은 11연대 1대대 장병들의 중간을 가르면서 앞으로 달려나갔다.

숨이 차기 시작했다. (중략) 뒤이어 누군가가 사단장의 허리를 잡았다. 그들은 "사단장님, 이제 그만 나오세요. 우리가 앞장서겠습니다." 거센 함성을 외치면서 11연대 1대대 장병들이 다시 진격했다(백선엽을 말한다. 유광종 저. 2011).

6·25전쟁 당시 바람 앞에 촛불처럼 꺼질 것 같았던 대한민국을

낙동강 전선에서 구한 백선엽 장군의 유명한 일화다.

2014년 전쟁기념관에 있는 그분의 사무실에서 처음으로 직접 뵙게 되었다. 키는 훤칠했지만 몸은 무척 야위었었다. 하지만 93세의 고령에도 65년 전 6·25전쟁 당시 부하들과 미군들의 이름, 계급 그리고 전투지역의 세부적인 상황을 너무나 또렷이 기억하고 계셨다. 말씀하실 때 발음도 정확하고 힘이 있어서 놀란 적이 있다. 그만큼 당시 모든 상황 정보에 대한 장악력이 있었다는 증거다.

지난해 7월 10일 우리 국민은 그 위대한 영웅을 잃었다. 대한민국을 살린 대한민국 최초의 육군 대장 백선엽 장군이 불꽃 같은 인생을 살다가 세상을 떠났다. 1920년생, 2020년 졸. 향년 100세.

백 장군은 일제 강점기에 태어났다. 평안남도 강서군 강서면 덕흥리다.

그의 집은 무척 가난했다. 부친은 그가 일곱 살 때 세상을 떠났다. 그의 기억에 아버지는 흐릿할 뿐이다. 대신 어머니로부터 외할아버지 얘기를 들으며 자랐다. 외할아버지는 구한 말 평안남도에서 참령이라는 계급까지 지냈다고 한다. 부사령관쯤 되는 계급에 해당한다. 백 장군은 꼿꼿한 성격이면서도 주변으로부터 존경을 받았다는 군인 외할아버지가 마음속 동경과 존경의 대상이었을 것이다.

생각해 보자. 일제 강점기 시절, 아버지를 일찍 여의고 남의 집 식모살이하는 홀어머니와 누이, 동생과 함께 가난한 시절을 보내야 했던 어린 선엽, 무엇을 꿈꿀 수 있었겠는가.

그래도 속이 깊어 어린 시절부터 글자로 쓰인 것은 무엇이든지 열심히 읽었고 사색을 즐겼다고 한다. 특히 초등학교 때부터 열심히 읽은 신문을 보고 나약한 식민지 조선과 동아시아에서 뻗어 나가는 일본의 힘을 느꼈으리라.

식민지에서 태어나 가난 속에서 자란 똑똑한 아이가 선택할 수 있는 일은 많지 않았다.

학교 선생이 되거나 공무원 또는 군에 입대해 입신을 도모하는 일이 가장 생각하기 쉬운 일이다. 물론 나라를 되찾기 위해서 일찍부터 독립군의 길을 간 선각자들도 있다. 어린 선엽이 독립군을 만나 독립운동가로 성장했으면 더 좋았겠지만 그가 만주국 일본군에 입대한 것을 두고 그가 이후에 국군을 창설하고 6·25전쟁 때 나라를 구한 엄청난 공로까지 몽땅 깎아 내려서야 되겠는가.

미국을 영국으로부터 독립시키고 초대 미합중국 대통령이 된 조지 워싱턴도 영국군 장교 출신이다. 인도의 독립을 이끈 마하트마 간디도 제국주의 영국에서 법학을 공부했다. 결국 이들은 자신의 조국을 위해서 쓰일 전문지식을 더 넓은 세상에서 습득할 수밖에 없었다.

백선엽 장군은 나라를 구하고 군 제대 후에도 여전히 젊은 나이였지만 한 번도 정치권에 몸담지도 않았다. 대한민국 최초의 육군 대장으로서 명예를 지킨다는 차원이었다. 그런 그를 우리는 마땅히 존경하고 예우해야 하는 것 아닌가.

백선엽과 박원순을 차별한 문재인 대통령

백 장군이 사망하기 하루 전 성추행 혐의를 받던 박원순 서울시장이 스스로 목숨을 끊었다. 서울시는 박 시장을 위해 대규모 추모 행사를 진행했다. 서울시 역사상 처음으로 장례를 서울특별시장(葬)으로 성대하게 치르고 서울시청 앞에 시민분향소까지 마련했다. 집권 여당인 더불어민주당은 서울 시내 곳곳에 "님의 뜻을 기억하겠습니다"라는 대형 추모 현수막을 내걸었다.

이에 비해 백선엽 장군의 경우에는 청와대도 민주당도 추모 논평 한 줄 내지 않았다. 게다가 사이비 좌파 시민단체들과 일부 민주당 의원들은 백 장군을 서울 국립현충원은커녕 대전현충원에 안장하는 것마저 반대하고 나섰다.

문재인 대통령은 백선엽 장군의 장례식에 참석하지 않았다. 문 대통령은 아직까지 이승만 대통령의 묘소에도 참배한 적이 없다. 이런 대통령을 정말 대한민국의 대통령이라고 말할 수 있을까.

나는 군 복무 중 잠시 휴가를 나온 상병인 아들과 함께 서울 아산병원 백 장군님 장례식장을 찾아 조문했다. 마음이 착잡하고 죄스러웠다.

결국 백 장군은 대전현충원으로 모셔졌다. 그 후에도 대전현충원 내에 있던 백선엽 장군 추모 안내 게시판이 시민단체의 항의에 의해서 뽑혀지는 사태까지 벌어졌다. 일부 민주당 의원들은 '친일파 파묘법'을 발의해 백선엽이든 박정희든 현충원에서 파묘할 것을 주장하고 있다.

성추행 혐의로 스스로 목숨을 끊은 서울시장은 막대한 서울시민의 세금을 써가면서 성대하게 조문행사와 장례를 치르고 나라를 구한 노(老)장군의 죽음은 이토록 홀대하는 나라, 이게 정말 나라인가. 이게 정말 정상인가.

그래도 한 줄기 희망은 있었다. 바로 청년들과 애국 시민들이다.

보수적 경향의 전국대학생대표자협의회 소속 대학생들과 나라지킴이 고교연합, 전군구국동지연합회(전군연), 대한민국 수호 예비역 장성단(대수장), 비상국민회의, 국민주권회복운동본부 등 6개 시민단체가 힘을 모아서 서울 광화문 광장에 백 장군을 추모하는 천막 시민분향소를 세웠다. 이들마저 없었다면 백 장군이 가시는 길이 얼마나 쓸쓸했을까.

노(老) 영웅에게 바치는 글

우르릉 콸콸, 세차게 굽이쳐 흐르는 검푸른 대동강물.

"얘들아… 미안하다… 너희들 힘들게 해서, 너희들 배 곯게 해서… 더 이상은…."

"안돼, 엄마. 엄마! 안돼요, 우리 죽으면 안 돼요. 그래도 살아요. 흐흑."

혹독한 가난에 삼 남매를 키우기에 지친 엄마와 12살 누이.

생과 사를 놓고 벌이는 가녀린 모녀의 절규와 통곡.

네 살바기 막내 인엽이는 대동강 물소리를 삼킬 정도로 울어 대기만 했다.

일곱 살 선엽이는 두려웠지만 울 수가 없다. 울면 모든 게 끝장날 것 같은 예감 때문이다.

'그래. 정신을 차려야한다. 지금 나라도 정신을 차리자.'

볼 위로 흐르는 뜨거운 눈물을 소매로 훔치면서도 끝내 울음을 터뜨리지 않았다.

결국 네 식구는 대동강 난간에서 서로 부둥켜안고 울다가 죽음이 아닌 사는 길을 택했다.

하늘은 그렇게 한 영웅을 죽음에서 건졌나 보다. 20년 후 바람

앞의 촛불 같던 이 나라를 구할 영웅을 하늘은 그렇게 준비했나 보다.

그 영웅은 초등학교 시절 혼자 다녔고 혼자 공부했으며 혼자 깊은 생각에 잠기곤 했다.

시대가 영웅을 만든다고 했던가. 그 어린 영웅은 자신을 이겨가며 고된 학습과 훈련을 쌓으면서 그 시대를 맞이했다.

서른 살이 되던 해, 온 국토를 피로 물들였던 6·25전쟁.

그 영웅은 모든 전장터에서 우뚝 섰다. 권총을 빼 들고 "나를 따르라, 내가 후퇴하면 뒤에서 나를 쏴라" 외치며 돌진했다. 부하들은 두려움에서 벗어났다.

그렇게 북으로 북으로 향했다.

다시 찾은 대동강, 고독한 소년을 위대한 구국의 영웅으로 키운 그 검푸른 강물. 영웅은 그제서야 목놓아 울었다. 이십삼 년 동안 억누른 울음이 터져 나왔다. 두려움 때문도 아니었다. 감격해서도 아니었다.

꺼져가는 나라의 운명을 책임진 고독한 영웅의 기도였다.

70년이 또 흘렀다.

그의 울음이 이제 그쳤다. 그는 영원히 잠들었다.

우리는 똑똑히 알고 있다.

그 노(老)영웅의 울음이 나라를 구했고 동맹을 만들었고 나라발전의 주춧돌이 되었음을….

우리의 영웅이시여. 평안히 잠드소서.

제5부

다시 돌아보는 국방위원장 시절

24. 당론이냐 양심이냐, 이것이 문제로다
25 사드 배치에 대한 국방위원장의 생각은 이렇습니다
26. 북한 무인기에 무방비로 노출된 대한민국의 영토
27. 북한 김정은이 마약을 한다고?
28. 전직 국방장관이 전쟁기념관 관장을 맡는 나라
29. 역대 주한미군 사령관들이 입을 연 이유는?
30. 오사마 빈 라덴을 바다에 수장시킨 미 항공모함 칼빈슨호
31. 북(北) 화성-15형 발사, 유럽 NATO마저 전율 느껴
32. 하와이 'USS 아리조나' 군함의 검은 눈물
33. 〈천안함 희생 장병들께 바치는 국방위원장 방미 보고의 글〉

24

당론이냐 양심이냐, 이것이 문제로다

/

2016년 9월 26일,

국방위원장으로서 가장 어려운 하루였다. 돌이켜보면 12년 의정 활동을 하는 동안 가장 마음의 갈등이 심한 하루였는지도 모른다. 당을 탈당하고 복당할 때도 오늘보다는 고통이 크진 않았다. 그때는 그래도 함께 했던 동료 의원들이라도 있었으니까.

사건의 발단은 이렇게 시작됐다.

9월 초부터 여당인 새누리당은 야당 출신의 정세균 국회의장과 여러 면에서 대립하게 되었다. 정 의장은 정기 국회 개원연설에서 사드 배치와 관련한 박근혜 정부의 입장과 청와대 우병우 민정수석 등에 대해서 비판적인 내용을 언급했다.

게다가 야당인 더불어민주당과 정의당이 요구하는 김재수 농림축산부 장관 해임결의안을 24일 새벽 통과시키는 일에 결정적인 역할을 담당했다.

이에 새누리당은 정세균 의장 사퇴 촉구와 함께 국정감사 보이콧을 당론으로 정해놓고 대야 투쟁의 목소리를 한창 높이는 중이었다. 의원총회를 여러 차례 하는 동안 중진의원들까지도 야당을 상대로 강하게 투쟁해야 한다고 목소리를 높였다. 이정현 당 대표는 단식투쟁까지 이미 시작한 상태다.

나는 국방위원장으로서 갈등이 깊어졌다. 국회의장을 포함한 야당과 정치적인 입장을 달리한다고 해도 국정감사를 보이콧하는 것에는 동의하기가 참으로 힘들었기 때문이다. 당시 분위기는 정세균 의장, 더불어민주당에게 밀리면 안 된다는 분위기가 당내에서 점점 더 거세지는 상황이었다.

이런 와중에 26일 밤 매우 슬프고 안타까운 소식이 보고됐다. 동해상에서 연합훈련 중이던 해군 링스헬기가 추락해 해군 장병 3명이 실종된 것이다. 어두운 밤 동해상에서 훈련을 하던 장병 셋이 실종됐다니… 너무나 젊은 나이들인데….

그날 밤 잠자리에 누웠지만 결코 잠을 잘 수가 없었다. 군 장병들은 나라를 지키기 위해 훈련을 하다가 목숨까지 잃었는데 국방위는 국정감사도 안 하고 정치 싸움만 하고 있다니, 정말 정치를 한다는 것 자체가 부끄럽게 느껴졌다.

밤새 뒤척이다 날이 밝았다.

아침에 여의도 국회로 향하는 올림픽 도로에서 차창 밖을 바라보았다. 밝아오는 태양을 보면서 무언가 내 마음이 한쪽으로 옮아가는 것을 느꼈다. 급기야는 마음을 굳혔다. 국회에 도착하자마자 단식 중인 이정현 대표부터 찾아갔다. 국정감사를 반드시 열어야겠다는 다짐을 한 것이다.

국방에는 여야가 없고 국정감사는 어떠한 경우에도 열어야겠다는 뜻을 이 대표에게 전달했다. 누워있는 이 대표도 난해한 상황이지만 내 의견에 반대할 수 없다는 표정이었다.

이어서 오전 10시 20분쯤 국회 예결위회의장에서 열린 비공개 의총에 참석했다. 손을 들어 발언권을 얻어서 단상으로 나갔다. 긴장이 됐지만 할 말은 해야겠다고 다짐하고 입을 열었다.

"전쟁이 나도 국방위는 진행돼야 합니다. 국방의 시계는 멈춰서는 안 된다고 생각합니다. 국정감사도 국회의원의 권리가 아니라 의무라고 봅니다. 그게 의회민주주의의 기본입니다. 저는 국방위원장으로서 오늘부터 국방위원회 감사를 진행하겠습니다."

곳곳에서 야유와 욕설이 터져 나왔다.

'혼자 나라 생각하냐. 애국자 나셨네. 국정감사 중요한 줄 누가 모르냐… 지금은 한목소리로 싸워야 할 때야!'

발언을 마치고 의총장을 나와서 곧바로 국회 본청 4층에 있는 국방위원장실로 향했다. 위원장실에 도착하자마자 진동으로 돼 있던 핸드폰이 계속 윙윙하고 울려댔다. 기자들과 선배 동료 의원들이 거는 전화였다. 받지 않았다. 그런데 당의 최다선 선배 의원님의 전화마저 그냥 무시할 수는 없었다.

"이봐, 김 위원장. 정치 그렇게 하는 거 아냐. 지금은 전선에 구멍을 내서는 안 되는 거야. 다 같이 힘을 합해서 싸워야지. 당 대표는 단식까지 하고 있는 마당에. 정치 혼자하는 거 아니잖아!"

"죄송합니다. 저는 이번에 국정감사를 하지 않으면 평생 후회할 것 같습니다. 정치를 앞으로 못하게 돼도 좋습니다." 무례한지는 알지만 이렇게 대답하고 전화를 끊어 버렸다.

전화를 끊자마자 다른 전화가 폭주했다. 그냥 무시했다. 이미 결정을 내린 터라 여기서 마음을 바꿔서는 죽도 밥도 안된다는 생각을 했다.

〈국정감사 보이콧 동참을 독려하고 돌아가는 동료의원들〉

'그래, 지금 이 순간에는 헌법 46조만 생각하자. 오로지 헌법 46조만….'

'국회의원은 국익을 우선하여 양심에 따라 직무를 행한다'. 이 조항에 의지하는 수밖에 없었다.

그 순간 갑자기 밖에서 웅성웅성 소리가 났다.

위원장실 문이 갑자기 열리고 김무성 의원 등 선배 의원들과 동료 의원 10여 명이 들어왔다. 평소 가깝게 지내던 의원들이었다. 기자들도 들어오려고 했지만 의원들이 기자들을 밀어내고 문을 닫았다.

선배 동료 의원들이 내게 온 것은 내가 국정감사를 진행하면 안 된다는 것을 강력하게 호소하기 위해서였다. 나는 끝까지 국정감사 결행에 대한 입장을 굽히지 않았다. 이들은 지금은 함께 싸워야 할 때라고 몇 차례나 똑같은 말을 반복하고 돌아갔다. 이후 나는 국방위원장실에서 4시간을 밖으로 나올 수 없는 사태가 발생했다. 위원장실에는 화장실이 따로 없어서 소변을 참고 참다가 휴지통을 비우고 실례를 했다. 이런 일까지 겪다니!

일단 국방위 국정감사를 하기로 마음먹은 이상 당 소속 국방위원들한테 메시지라도 먼저 보내야겠다는 생각을 했다.

'새누리당 국방위원님들께'

저는 오늘 오후부터 국정감사에 임하기로 했습니다. 정세균 의장 사퇴를 위해 분투하시는 모든 의원님들께는 매우 송구한 마음입니다. 하지만 저는 제가 생각해왔던 의회민주주의의 원칙에 따를 수밖에 없습니다. 국회는 상임위 위주로 운영돼야 합니다. 특히 각 위원회의 국정감사는 국회의 가장 중요한 기능 중의 하나입니다. 특히 저는 국방위원회 위원장입니다. 어젯밤에도 국토와 국민의 생명을 지키기 위해 동해상에서 헬기훈련 중이던 조종사와 승무원 세 명이 헬기추락으로 생사를 알 수 없는 급박한 상황입니다.

저는 그저 제 양심과 소신이 시키는 대로 행동할 수밖에 없습니다. 제가 초선 때 처음 국회에 들어오면서 정치가 이제는 달라져야 한다고 생각했습니다. 하지만 그때나 지금이나 달라진 것이 거의 없어 보입니다. 저부터 기본을 지키지 못해왔는지도 모릅니다.

저는 당의 대변인을 두 차례나 지냈고 지금은 국방위원장을 하면서 국방에는 여야가 따로 없다는 말을 줄기차게 해왔습니다. 저는 저의 발언에 책임을 져야합니다. 이것은 저의 소영웅주의가 아닙니다. 거창한 이념이나 시대정신을 말하는 것이 아닙니다. 그저 기본을 지키고자 하는 것입니다. 현재 북한의 위협이 더 한층 가중되고 있는 상태에서 국방위의 국정감사마저 늦추거나 하지 않는다면 이 나라가 어떻게 되겠습니까. 장병들이 누구를 믿고 경계근무와 훈련에 임하겠습니까. 새누리당 국방위원님들께는 너무나도 죄송합니다. 국정감사 과정에서 제기된 문제와 내용에 대해서는 제가 후에 보고하도록 하겠습니다. 이 점 널리 양해해주시기 바랍니다.

감사합니다.

국방위원장 김영우 드림

정치는 혼자 하는 게 아니야. 당론을 따르지 않으려면 당에는 왜 있나. 무소속 정치해야지!' 선배 정치인들의 따가운 비판의 목소리가 계속 머릿속에 맴돌았기 때문이다. 그래도 어쩌겠는가. 길이 없어 보이지만 이 길은 가야 할 길이라 생각했다.

그 다음 날 여당 의원이 한 명도 참여하지 않는 채 국정감사를 시작했다. 텅 비어 있는 여당 국정감사 위원석을 보면서 많이 착잡했지만 다른 방법은 없어 보였다. 당에서는 나를 징계위원회에 회부해야 된다는 말이 나돌았다. 그러나 다행히 이틀이 채 지나기 전에 여당도 국정감사 보이콧을 풀고 모든 상임위에서 국정감사를 하기로 결정했다. 당론보다는 역시 내 양심을 따른 것이 결국 옳았구나 하는 생각을 다시 하게 됐다.

25

사드 배치에 대한 국방위원장의 생각은 이렇습니다

〈안보현실에 대한 냉철한 인식과 유비무환이 살 길이다〉

안녕하십니까. 국회 국방위원장 김영우입니다. 내일 8월 29일은 우리의 국권을 일본에게 강탈당한 지 106번째 해가 되는 국치일입니다. 우리를 둘러싼 국제정세를 모르면 그와 같은 비극이 또 언제 일어나게 될지 모를 일입니다. 우리는 늘 최악의 상황에 대비해야 할 것입니다.

최근 한반도 상황이 심상치가 않습니다. 북한 엘리트층의 탈북이 잇따라 이어지고 있는 가운데 북한은 무수단 미사일에 이어 지난 24일에는 SLBM 즉 잠수함발사미사일을 동해 쪽으로 쏘아 올렸습니다. SLBM의 발사 자체는 성공단계에 접어들었다는 게 군 당국의 판단입니다.

국제관계가 미묘한 가운데서도 유엔 안보리는 어제 만장일치로 북한의 탄도미사일 발사를 규탄하는 언론성명을 채택했습니다. 오늘 제가 이 자리에서 선 것은, 한반도의 안보 상황은 이렇게 심각한데도 우리 사회의 안보 논의가 여야 간의 정쟁과 또 지역 이기주의에서 벗어나지 못하고 있기 때문입니다.

여러분 한번 돌이켜 보십시오. 김대중 정권 때도, 노무현 정권 때도, 이명박 정권 때도 그리고 현재 박근혜 정부에서도 북한은 핵무기 고도화의 발걸음을 단 한 번도 멈추지 않았습니다.

핵실험도 4차례나 했고, 천안함 폭침과 연평도 포격, 군사분계선 지뢰 매설 등 도발을 끝없이 해오고 있습니다. 북한 정권의 본질적인 속성상 우리 정부의 대북정책 기조나 방향과는 전혀 상관없이 자신들의 핵 개발 시간표대로 핵을 개발해왔고, 각종 도발을 일삼아 왔습니다. 변화가 없었습니다. 우리의 햇볕정책이든, 대북압박 정책이든 어떤 정책이든지 간에 북한은 핵무장의 길을 걸어오고 있습니다. 마침내 우리는 핵을 머리 위에 이고 사는 상황으로 빠져들고 있는 것입니다.

그래서 말씀드립니다. 이런 한반도를 둘러싼 안보위기 상황에서 우리는 튼튼한 국방을 위해서 힘을 하나로 모아야 합니다. 이것은 단순히 국방예산의 증가를 의미하지 않습니다. 그것은 한반도평화를 위협하는 각종 도발에 효과적으로 대응할 수 있는 정신적 물리적 실력을 키우자는 것입니다.

우리 사회의 양극화, 청년 실업, 저출산, 복지 등 우리가 시급히 해결해야 할 이 모든 문제들은 안보를 기본으로 하고서야 가능한 일들입니다. 국방이 안되면 나라가 없어지는데, 어떻게 경제, 복지, 일자리를 논할 수 있겠습니까? 여당과 야당, 정부와 시민단체가 다른 문제를 놓고는 논쟁하더라도 안보, 국방 문제에 있어서만큼은 반드시 하나가 돼야 할 것입니다.

사드 논란에 대해 한 말씀 드립니다. 사드는 북한이 스커드, 노동, 무수단 미사일을 대한민국을 향해 쐈을 때 공중에서 맞춰 파괴하는 방어무기체계입니다. 북한의 모든 공격을 다 막을 수는 없겠지만, 북한의 도발에 맞서 대한민국을 방어하는 최소한의 방어책입니다.

그런데 사드 배치와 관련해서 반대시위가 한창입니다. 사드 레이더 전자파의 유해성 등에 대해서도 괴담 수준의 내용이 온라인을 통해 퍼지고 있는 것은 정말 유감스러운 일입니다. 레이더의 전자파는 이미 괌기지와 교토기지에서 문제가 없음이 입증된 것입니다. 그게 문제가 있다면 기지 내에서 어떻게 미군들이 병영생활을 하겠습니까.

지금 성주, 김천에서 일고 있는 사드 반대시위에 대해 말씀드리겠습니다. 사드의 규모는 레이더와 발사대, 포대 통제소 등을 설치하는 정도입니다. 지역 주민들의 심정은 충분히 이해합니다. 하지만 눈길을 조금만 옆으로 돌려 6·25전쟁 이후 60년간 수백만 평을 군부대훈련장 등으로 내주고 매일같이 포탄 소리를 들으며 살아온 많은 접경지역의 주민들을 생각해 보시기 바랍니다.

포탄 소리에 밤잠을 설치고, 실탄이 민가 지붕 위에, 축사 위에,

논밭에까지 떨어지는 상황을 인내하며 살아온 수 많은 주민들이 있습니다. 서해 NLL 인근의 섬들과 김포 파주 연천 포천 철원 화천 인제 양구 고성 등 그 지역 주민들이 그동안 참아낸 건 대한민국 안보가 먼저라는 생각 때문이었습니다. 일상의 피해, 재산상의 피해는 이루 말할 수가 없습니다. 자그마치 60년 세월입니다. 그 피해는 지금도 계속되고 있고, 훈련장 폐쇄까지 요구하는 상황에 이르렀습니다.

지금까지 우리 온 국민이 누려온 평화는 접경지역 등 군사시설이 밀집돼있는 지역 주민의 희생에 힘입은 바가 크다는 것을 그 누가 부인할 수 있겠습니까.

이제 대한민국의 안보는 우리 온 국민이 함께 책임진다는 자세가 필요합니다. 이 좁은 국토에서 이제는 전방과 후방이 따로 있을 수 없습니다. 전투지역과 평화지역이 따로 있을 수 없습니다. 더구나 사드는 혐오 시설이 아니지 않습니까. 대한민국을 지키기 위해 도입하는 사드가 어쩌다 갈 곳을 못 찾는 천덕꾸러기가 돼버린 것인지 도무지 모르겠습니다.

사드 배치에 반대하는 중국에 대해서도 말씀드립니다. 사드는 대한민국이 북한의 핵과 미사일 도발에 대비하기 위한 최소한의 방어체계입니다. 우리의 방어 수단을 중국이 반대하는 것은 명백한 내정간섭입니다. 중국은 이미 수년 전부터 대륙간탄도미사일인 둥펑을 동북 3성 지역에 배치하고, 최근에는 미국의 미사일 공격에 대비해 방어체계를 구축해 왔다고 밝혔습니다. 자신들의 미사일 기지와 방어체계는 당연하고 대한민국의 방어체계는 안 된다는 논리는 어불성설입니다.

그간 중국이 대한민국의 사드와 관련해 보인 외교적 무례함은 도를 넘어섰고, 한류 차단 등의 보복 조치는 너무도 치졸합니다. 중국은 우리의 사드 배치 결정 철회를 얘기하기 전에 북한의 핵 문제를 해결해야 합니다. 그렇게 되면 사드 문제는 자연스레 해결될 것입니다. 중국이 북핵 문제 해결에 진정성 있는 조치를 취할 때, 중국은 대한민국과 미래를 향해 함께 나아가는 실질적인 협력적 동반자 국가가 될 것입니다. 사드 문제는 미국과 중국의 문제가 아니라, 대한민국의 안보 문제임을 거듭 밝힙니다.

국방부에 대해서도 한 말씀 드립니다.

국방부는 사드에 대해 지난 2년간 소극적으로 일관해 해오다 갑작스레 배치 지역을 발표했습니다. 또한 지역 주민의 반대가 심해지자 배치 지점을 변경할 수도 있다고 했습니다. 국민 입장에서는 사실 황당한 대목입니다. 국방부는 절대로 허둥대서는 안 됩니다. 앞으로 이러한 상황이 다시는 일어나지 않도록 원칙을 가지고 정책을 펼쳐 나가야 합니다.

어제 더불어민주당 전당대회에서 추미애 후보께서 당 대표로 선출되셨습니다. 축하의 말씀을 드립니다. 추 대표께는 한반도의 안보가 우선이라는 입장에서 사드 문제를 바라봐 주시기 바랍니다. 사드 배치 반대를 당론으로 하겠다고 언급한 바 있는 것 같은데 그것은 절대로 안 될 일입니다. 추 대표께서는 사드 배치 말고 북한 핵미사일에 대해 당장 우리가 어떤 대비책이 있는지 밝혀야 할 것입니다. 만약에 지혜로운 외교와 북한에 대한 대화와 설득으로 풀어가면 된다고 생각하신다면 그것은 이미 현실적인 답이 될 수 없음을 제가 위에서 밝힌 바 있습니다.

〈사드배치의 필요성에 대한 기자회견, 2016. 8. 28〉

끝으로 외교 안보 정책의 기본 전제에 대해서 말씀드리겠습니다. 외교 안보 정책은 항상 최악의 상황에 대비해야 한다는 것입니다. 북한이 핵무기를 고도화하고 있고 미사일 실험을 계속하고 있습니다. 이런 상황에서 우리는 한미동맹을 기본 축으로 하면서 한반도평화를 위협하는 모든 형태의 도발에 단호하게 대응해 나가야 할 것입니다. 우리는 현실적으로 한미동맹을 통해서 한반도의 평화를 지켜왔고 세력의 균형 상태를 유지해 오고 있습니다.

한미동맹을 활용하면서 우리는 스스로 더 큰 국력과 국방력을 키워가야 할 것입니다.

우리가 늘 염두에 둬야 할 것은 최악의 상황에 대비하기 위한 유비무환의 정신입니다. 감사합니다.

26

북한 무인기에 무방비로 노출된 대한민국의 영토

2017년 6월 9일, 강원도 인제군 야산에서는 추락한 북한의 소형 무인기 한 대가 발견됐다. 13일 오후 이 사건에 대해 합동참모본부 전략본부장과 군 관계자들로부터 정보보고를 받았다. 이날 점심은 청와대에서 문재인 대통령이 국회 상임위원장들을 초대해 오찬을 나눈 날이기도 해서 국회로 돌아오자마자 보고를 받은 것이다.

이 무인기는 일본 소니사의 소형 디지털카메라를 장착하고 대한민국 상공을 훑고 지나가면서 500장 이상의 사진을 촬영했다는 것이다. 이 사진 중에는 경북 성주의 사드 기지 관련 사진도 20장 정도 담겨 있다는 보고에 더욱더 큰 충격을 받지 않을 수 없었다. 군사분계선을 266km나 넘어와 사드 기지를 촬영했으니 우리의 영공 대비태세가 얼마나 취약한지 소름이 끼치고 화가 날 지경이었다. 그런데 이 보고가 이뤄진 순간에도 국방부와 청와대는 사드 배치와 관련해서 국방부가 청와대에 허위보고를 했느니 늑장 보고를 했느니 갑론을박을 하는 중이었다. 국방부 정책실장은 사드 배치 보고문제 때문에 물의를 빚은 책임을 지고 집에서 쉬는 상태였다.

〈강원도 인제군에서 발견된 무인정찰기〉

또 한 가지는 무인기가 인제군 야산에서 군도 아닌 민간인의 신고에 의해서 발견된 것이다. 처음부터 끝까지 우리 군의 방어망은 너무나 큰 구멍이 난 것이다. 13일 이 사건에 대한 국내보도도 일본의 한 인터넷 방송 보도보다 몇 십 분 늦었다. 청와대가 사드 배치와 관련해 매우 소극적이고 국방부와 군에 대해 보고체계를 트집 잡고 있는 사이에 군이 기가 빠지고 크게 동요하는 것을 느꼈다.

너무나 답답한 마음에 군의 정보보고가 끝나자마자 국방위원장 자격으로 국회에서 청와대와 국방부를 힐책하는 성명서를 발표했다. 다음은 2017년 6월 13일 국회 정론관에서의 긴급 기자회견 내용이다.

〈국회 정론관에서의 긴급 기자회견(2017. 6. 13)〉

▶ 김영우 국방위원장 기자회견문

이 무인정찰기는 지난 6월 9일 강원도 인제군에서 발견된 무인비행기입니다. 얼핏 보면 14년 3월 백령도에서 발견된 소형무인기와 비슷하게 보입니다만 여러 가지 면에서 차이가 있다고 합니다.

중요한 것은 소형 무인기 안에 있는 카메라에 바로 사드가 배치되어있는 성주가 촬영되었다는 사실입니다. 그리고 이런 뉴스는 일본에 벌써 2시간 전에 자세하게 보도가 되었습니다. 물론 저도 합참으로부터 방금 전에 보고는 받았습니다.

이것이 무엇을 의미합니까? 우리 대한민국 영공이 북한군에게 뚫린 것입니다.

우리는 국방부와 청와대, 사드 보고 누락 등 여러 가지 우리끼리 진실공방을 하고 있는 이 사이에 북한은 사드가 배치되어있는 성주지역을 손바닥 내려다보듯이 보려고 했습니다. 정확한 이유는 아직 모르겠습니다만 이 무인정찰기는 성주를 촬영하고 다시 북한을 가다가 연료가 소진됐거나 다른 이유에 의해서 추락한 것으로 잠정적으로 보고는 됐습니다. 아마 자세한 보고내용은 앞으로 제가 보고를 받은 다음에 다시 한 번 알려드리도록 하겠습니다.

저는 정말 우리 군과 청와대에 강력하게 호소합니다.

우리 대한민국 영공이 이렇게 뚫리고 있는데 우리는 지금 무엇을 하고 있는가? 지금 성주에 있는 2개의 발사대는 유류가 제대로 공급되지도 못하는 실정입니다. 시민단체가 유류 공급 차량을 막고 있기 때문입니다.

지난 21일 북한이 발사한 미사일도 당시에 여러 가지 전기 공급에 차질이 있고 유류 공급에 차질이 있어서 사드에 있는 레이더가 제대로 작동하지 못했습니다. 그 전에 북한이 발사한 미사일에 대해서는 사드의 레이더가 제대로 탐색할 수 있었습니다. 만약에 21일 북한이 발사한 미사일이 실질적으로 대한민국을 공격하기 위해 발사한 미사일이었다면 대한민국은 어떻게 되었겠습니까?

이런 상황에서도 사드 4개 발사대는 창고에서 잠을 자고 있습니다. 우리가 지금 환경영향평가 운운할 때인지. 2년이 걸릴지 3년이 걸릴지는 환경영향평가를 계속 기다려야 되는 것인지, 저는 정말 개탄스러운 일이다.

우리 군은 북한의 무인정찰기에 대한 특별대책팀을 반드시 만들어야 합니다.

지금 우리가 40조 이상의 국방비를 쏟아부으면 무슨 소용이 있겠습니까?

이 무인정찰기는 레이더로도 제대로 감지가 안 됩니다.

앞으로 만약에 이 무인정찰기가 단순히 우리 지역을 촬영만 하는 것이 아니고 생화학무기를 싣고 탑재한 상황에서 생화학무기를 뿌리고 그냥 북한으로 자취를 감춘다면 이것은 제2, 제3의 천안함 사건 계속 일어난다는 것을 의미합니다. 그럴 가능성이 농후합니다.

우리 대한민국은 북한의 핵과 미사일에 대해서 언제든지 대비태세를 갖추어야 하는데 우리 지금 자중지란에 빠진 것은 아닌가

싶습니다.

제 솔직한 심정은 문재인 정부 들어서 우리 군이 상당히 눈치를 보고 있는 것은 아닌가 생각마저 듭니다. 지금 어떻게 됐습니까? 국방부의 정책실장은 지금 집에서 쉬고 있습니다. 지난번에 사드 보고 누락 등등의 일로 아무 일도 못 하고 있습니다. 이 중차대한 시기에 내부적인 의사소통으로 인해서 지금 한참 일을 해야 할 사람은 쉬고 있고 대한민국은 북한에게 그대로 막 보여주고 있는 실정입니다.

정말 국회 국방위원장으로서 걱정을 넘어서 개탄스러울 뿐입니다.

청와대는 반드시 이 문제를 반드시 이런 문제야말로 진상조사 해야 할 것입니다. 무인정찰기가 어떤 것을 어떻게 촬영했는지 우리 방공망이 어떻게 잘못되어서 놓쳤는지 낱낱이 빠른 시간 안에 진상조사를 해서 대비책을 만드는 것이 바로 지금 청와대가 할 일입니다.

제가 방금 문재인 대통령과 함께 오찬을 하고 지금 막 도착을 했습니다. 돌아오는 길에 합참으로부터 이런 엄청난 정보 보고를 받았기에 너무나 급한 나머지 이렇게 우리 군이 이런 대비태세 구멍이 뚫려서는 안 된다는 절박함, 긴박함에 이 자리에 서게 되었습니다.

다시 한번 호소합니다.

청와대, 우리 국방부, 군은 우리 영공을 이렇게 북한군에게 내어줄 것인지 자성해야 합니다. 사드 문제 가지고 국제문제화 시키고 한미동맹에 여러 가지 금이 가는 이런 행태는 보여주시지 말기 바랍니다.

27

북한 김정은이 마약을 한다고?

2016년에서 2017년 사이 한반도 안보는 격동의 시기였다. 전쟁은 일어나지 않았지만 화약 냄새가 풍겨올 정도로 위태로운 메시지 전쟁이 치러졌다. 어떻게 튈지 모르는 김정은과 트럼프의 기질도 불안감을 더했다.

2016년 7월 8일 한미 간에 고고도미사일방어체계(THAAD) 도입이 결정됐다. 이에 북한과 중국은 즉각적으로 반발했고 한반도 정세는 일촉즉발의 위기를 맞는 듯했다. 9월 9일에는 북한이 제5차 핵실험을 단행했다. 함경북도 길주군 풍계리에서 10~30kt으로 추정되는 핵실험이었다.

해를 넘기고 2017년 2월 13일에는 말레이시아 쿠알라룸푸르 국제공항에서 북한 김정은의 이복형인 김정남이 북한의 사주를 받은 테러리스트들에 의해 피살되는 세기적 사건이 발생했다. 이런 가운데 3월 10일 헌법재판소는 8명 전원합의로 박근혜 대통령을 대통령직에서 파면 결정했다.

국방위원장으로서는 전쟁 빼고는 이보다 더한 위기는 없다는 판단이 들었다. 당장이라도 미국의 고위급 안보문제 관계자들을 급히 만나서 정보를 공유하는 한편 한미동맹을 공고히 하기 위한 국방외교를 해야겠다고 생각했다. 이를 위해 2월 미국 상원 군사위원장인 존 매케인 위원장에게 북한 테러지원국 재지정을 요청하면서 직접 만나서 대화를 나눌 것을 제안했다. 다행히 존 매케인 위원장의 답신을 받고 방미길에 오르게 됐다.

〈존 매케인 미상원 군사위원장이 베트남전 사진을 설명해 주는 장면〉

매케인 의원은 자신의 의원 사무실에서 우리 일행을 따뜻하게 맞아주었다. 직접 만나니 생각보다 체구가 크지 않았다. 하지만 다부진 용모에서 전쟁 영웅의 이미지가 엿보였다. 천천히 또박또박 말하면서도 미소를 잃지 않은 얼굴에서는 정치 거물의 풍미보다는 이웃집 아저씨 같은 자상함이 배어있었다.

그는 지난 35년 동안 미국 의회에서 하원 재선, 상원 6선 의원을 지낸 거물급 정치인이다. 2008년에는 오바마 민주당 대통령 후보와 경쟁했던 공화당 대통령 후보이기도 했다.

3월 현재도 미국 상원 군사위원장이면서 많은 정보를 다루고 있다. 매케인 위원장은 대화 도중 깜짝 놀랄 얘기를 꺼냈다.

"북한 김정은이 마약을 복용한다는 보고가 있는데 그 점에 대해 한국 내에서는 들은 바가 있는지요?"

나는 들은 바가 없다고 답했다. 그러나 그 짧은 순간 짐작이 가는 바도 있었다. 북한의 고위급 외교관을 지내다 탈북해 우리나라에서 거주하고 있는 한 탈북자는 내게 김정은의 친형 김정철이 음악, 특히 기타연주에 수준급 실력을 가지고 있으며 마약을 복용하고 있다고 전해준 적이 있다.

김정은은 특히 아버지 김정일의 갑작스러운 사망에 따라 지도자로서 훈련받을 수 있는 기간이 길지 않았다. 김정일 사망 이전부터 교육을 받았다 해도 27세의 나이에 북한 최고 통치자가 된다는 것은 그 권력의 크기에 비례하는 부담이 뒤따랐을 것이다. 그런 상황을 전반적으로 고려해 보면 젊은 나이의 최고 권력자가 그럴 수도 있겠구나 하는 짐작이 갔다.

자신의 고모부인 장성택을 그렇게 잔인하게 살해하는 것을 보면 아무튼 정상의 정신상태는 아닐 거라는 생각도 든다. 그런데 김정은이 마약을 한다고 하면 민감한 안보 상황에서 판단의 균형을 잃고 돌발적인 결정을 내릴 가능성은 없을까? 생각만 해도 아찔한 일이다.

북한은 이미 마약이 사회에 넓고 깊숙이 파고들어 커다란 문제가 되고 있다. 탈북자들의 증언과 첩보에 따르면 북한은 국가기관이 주도적으로 헤로인과 필로폰 등을 제조한 지 이미 오래다. 해외 주재 외교관들을 동원해 마약을 밀매하는 사건들도 많이 발생했다. 노동당 39호실이 외화획득의 총본산으로 마약제조, 밀매에 관련이 있으며 해외에 9개의 자회사를 가지고 있었다는 내용도 알려진 바 있다. 특히 1990년대 고난의 행군 시절부터는 일반 가정에서도 복통, 치통, 신경통을 달래는데 마약을 상비약으로 활용하고 있다는 증언도 나오고 있다.

2001년에는 중국 선박이 부산항에 내려놓은 컨테이너에서 필로폰 91kg이 압수당한 사건도 있었다. 이 중국 선박은 출항지가 함경북도 나진이었다는 사실이 뒤늦게 밝혀졌다. 이 밖에도 북한산 마약을 운송하던 선박이 일본과 호주 등 여러 나라에서 검거되는 일이 벌어졌다. 마약은 북한의 은밀한 국책사업이다.

매케인 위원장은 북한의 위협을 트럼프 행정부가 출범하자마자 당면하는 '최초의 위기(first crisis)'라 언급하면서 북한의 미사일 도발에 대해서도 우려했다. 북핵 문제를 해결하는 문제, 또 주한미군의 사드 배치 문제에서도 중국의 정의롭고 실질적인 역할도 강조했다.

매케인 위원장은 중국의 역할에 대해서 한마디로 정리했다.

"Actions speak louder than words"

즉 천 번의 말보다는 한 번의 실천과 실행이 더 중요하다는 것이다. 북한의 핵무기 개발에 대해서 우려를 표하면서도 실질적인 해결 노력을 하지 않고 있는 중국의 소극적인 자세를 비판한 것이다.

트럼프 정부의 외교 안보 정책을 책임지고 있는 틸러슨 국무장관, 맥 매스터 국가안보보좌관, 매티스 국방장관은 환상적인 플레이를 할 수 있는 외교 안보 트리오라고 설명해 주었다. 특히 이들은 한미동맹에 대해 확고한 신념을 가진 사람들로 신뢰할 수 있는 실력자들이라고 추켜세웠다.

이 밖에 매케인 위원장은 약속된 시간을 훌쩍 넘기면서 한미 간 관계와 자신의 과거에 대해서도 흥미롭게 이야기를 이어갔다. 자신은 군사위원장이므로 한국 의회의 국방위원장인 나와 계속해서 소통해나가고 싶다는 의견도 줬다. 그러나 그러한 만남을 앞으로 지속적으로 갖자던 희망은 이뤄질 수 없게 됐다.

매케인 의원은 그해 여름 뇌종양 판정을 받고 수술대에 올랐다. 꼭 완쾌하시라는 간절한 소망을 담은 편지도 보냈다. 하지만 그는 약 1년 뒤인 2018년 8월 26일 81세의 나이로 세상을 뜨고 말았다.

매케인 의원은 내게 깊은 인상과 교훈을 남겼다. 책임감과 애국심이다.

그는 뇌종양 수술을 받고 실밥도 풀지 않은 상태에서 일주일 만에 법안에 투표하기 위해서 상원 본회의장에 모습을 드러냈다. 모든 의원들은 그에게 기립 박수를 보냈다.

〈뇌종양 수술 후에도 표결 위해 회의장을 찾은 매케인에 기립박수〉

그는 연설에서 "여야가 긴밀히 협력해서 잃을 것이 무엇이 있겠습니까?"

40년이 넘는 동안 하원과 상원의원으로서 늘 소신을 지키면서도 화해와 타협정신을 잃지 않은 그의 면모를 엿볼 수 있는 명연설이었다.

그는 해군 조종사로 베트남전에 참전했다가 격추돼 호수에 떨어져 구사일생으로 살았지만 포로가 되었다. 베트콩은 매케인의 할아버지가 해군 4성 장군 제독 출신이며 아버지도 4성 장군으로서 현직 태평양함대 사령관이라는 점을 알고 이를 이용하려고 하였다. 매케인을 석방해서 베트콩의 인도주의적인 면을 홍보하려 한 것이다. 그러나 매케인은 석방을 거절했다. 다른 포로들과 함께 석방돼야 한다는 원칙을 천명했다. 5년 동안이나 포로 생활을 해야만 했다. 결국 1973년 파리협약에 의해 다른 포로들과 함께 풀려났다.

이렇게 성실하면서도 강인한 애국심을 가진 매케인은 정치인으로서 또 한 인간으로서 정말 존경스럽고 닮고 싶은 인물이다. 여러 가지 일화를 얘기해주면서 자신의 사진첩을 보여줬던 그의 자상한 모습이 지금도 너무나 선명하다.

28

전직 국방장관이 전쟁기념관 관장을 맡는 나라

2017년 5월 말 호주 정부 초청으로 호주를 공식 방문한 일이 있다.

줄리 비숍(Julie Bishop) 외교부 장관, 데이빗 포셋(David Fawcett) 호주 상원 외교 국방 통상위원장을 비롯한 정치인들과 호주 정부의 외교 안보 싱크탱크인 호주전략정책연구소(Australian Strategic Policy Institute, ASPI) 관계자와의 간담회, 국제문제 전문가인 호주 국립대학 휴 화이트(Hugh White) 교수와의 만남을 가졌다.

호주 북부에 있는 군사도시로 유명한 다윈시티(Darwin City)를 방문한 일도 매우 흥미로운 일이었다. 다윈시티의 날씨는 거의 열대 사막과 같은 느낌인데 호주인들도 거의 갈 기회가 없다고 들었다. 그래서 그 후부터 호주 사람들을 만나면 다윈시티에 간 경험을 자랑삼아 꺼내기도 한다. 이 밖에도 호주 관광청에 가서 한호 관광협력 문제를 얘기하는 등 일일이 기억하기도 힘든 빡빡한 일정이었다.

이 가운데 매우 인상적인 만남이 있었다.

바로 직전까지 국방장관을 지낸 브랜든 넬슨(Brendon Nelson)과의 만남이었다. 만나는 장소가 호주의 전쟁기념관으로 되어 있었다. 나는 처음에는 미팅 장소가 잘못 표기된 줄 착각할 정도였다. 다름 아니라 넬슨 전 국방장관은 현 전쟁기념관의 관장으로 근무하고 있다는 것이다.

호주의 전쟁기념관은 우리로 치자면 국립서울현충원(동작동 국립묘지)과 용산에 있는 전쟁기념관을 합쳐 놓은 곳이다. 여러 전쟁에서 참전한 유공자와 희생자들을 모셨다. 물론 여러 전쟁의 실상과 피해 상황을 기록한 기념관이 있다.

기념공원에 들어서니 저 멀리서 넬슨 전 장관이 견학 온 초등생들에게 기념공원에 대해서 열심히 설명해 주고 있는 모습이 보였다. 친절하게 손짓을 해가면서 어린이들에게 설명하는 장면이 참으로 인상적이었다.

우리나라 국립현충원 총책임자는 국방부 소속 1급 공무원이다. 차관보보다도 아래 직급이다. 우리나라 같으면 국방부 장관을 지낸 인사가 현충원 원장이나 전쟁기념관 관장으로 방문객들을 직접 맞이하고 설명해 주고 사진 찍어 줄 수 있겠는가. 상상하기 어려운 일이다.

넬슨 전 장관은 "우리가 누리는 자유는 공짜가 아닙니다. 우리의 선배 세대들이 피 흘린 대가입니다. 그분들의 숭고한 뜻을 국민에게 알리는 것이 지금 저의 임무입니다"라고 말했다.

전직 국방장관이 전쟁 기념공원에서 방문객과 조문객들을 직접 맞이하면서 친절하게 설명해 주는 나라, 이런 나라가 진짜 보훈과 호국의 중요성을 중시하는 나라가 아닐까.

〈브랜든 넬슨 전쟁기념관 관장(전 호주 국방장관)과 함께〉

호주는 소위 파이브 아이즈(Five Eyes) 즉, 상호 첩보 동맹을 맺고 있는 영국, 미국, 캐나다, 호주, 뉴질랜드 5개 나라 중 하나다. 이들 다섯 나라는 모두 영국, 미국 법률인 영미법을 따르기 때문에 법률상 공조가 용이하고 신호 정보에 관한 상호 협조 조약인 UKUSA협정 조인국이기도 하다. 그만큼 국가 안보를 지키기 위해서 이들 사이에서는 정보와 첩보 공유를 긴밀하게 유지한다는 의미다.

특히 호주는 제2차 세계대전을 비롯해 그 이후 세계 여러 곳에서 치러진 전쟁에서 자유민주주의 체제를 지키기 위해 참전해 오고 있다.

6·25 때도 연인원 1만 7천명 이상의 전투병이 참전해 340명이 사망하고 1천2백 명이 상이 부상을 입었다. 특히 호주군은 1951년 4월 가평전투에서 영연방 27연대 소속으로 맹활약을 펼쳐서 중공군의 남하를 저지하는데 큰 공을 세웠다.

지금도 매년 가평에서는 가평전투의 승리를 기념하고 희생자들의 넋을 기리는 기념식이 열리고 있다. 그 기념식에서 주한 호주대사 등과 만나서 많은 얘기를 나눴던 기억이 난다. 제임스 호주대사(현재는 본국으로 귀국)는 한국에서 태어나 4살 때 호주로 이민을 간 한국계 이민 2세 외교관이다. 가평전투 기념식과 매년 부산 UN 기념공원에서 열리는 영연방 6·25 참전 기념식을 열심히 준비했던 제임스 대사를 지금도 잊을 수가 없다.

호주 전쟁기념관에는 가평전투에 대해 당시 전투상황을 설명해 주는 지도와 참전 용사들에 대해 상세히 기록돼 있다. 한국전 참전 기념비도 가평으로부터 직접 공수해온 돌로 만들어졌다고 한다. 감개무량한 일이다. 호주 정부는 또 UN 등 국제무대에서 북한의 핵실험 등 여러 도발에 대해서도 늘 우리 정부의 입장을 지지해주고 있다.

호주의 외교안보 관계자들은 한결같이 자유는 공짜가 아니라 평소에 늘 소중하게 여기면서 위태로울 때는 싸워서 지켜야 하는 가치임을 강조했다. 요즘도 호주는 미국의 인도-태평양 전략과 미국, 인도, 일본과 함께 쿼드 체제에 참여해 '항행의 자유'작전을 펼치는 등 자유우방 국가들과 적극적인 협력 관계를 유지하고 있다. 호주 대륙 가장 북단에 위치한 군사도시 다윈시티에서는 매년 미국의 해병과 함께 정기적인 기동훈련도 한다.

나라를 지키고 국민의 생명과 재산, 자유를 지키기 위해서 애쓰는 나라, 국방장관을 지낸 인사가 전쟁기념공원에서 방문객을 직접 안내하면서 호국의 가치를 존중하는 호주는 진정으로 보훈과 호국의 나라임이 틀림없다.

29

역대 주한미군 사령관들이 입을 연 이유는?

6·25전쟁부터 오늘날까지 주한미군으로 근무한 미군은 모두 몇 명이나 될까? 약 350만 명에 이른다. 이 가운데 200만 정도가 생존해 있는 것으로 파악된다. 적어도 한국에서 근무한 경험이 있는 주한미군들은 한국의 안보 상황에 관심이 크다. 한국 문화에 친근감을 가지고 있는 전역 군인들도 많다. 말 그대로 지한파이자 친한파가 된 것이다.

주한미군들은 늘 'We go together!'라는 한미동맹의 구호를 외치곤 한다. 어려움이 있어도 늘 함께 돌파해 나간다는 동맹의 마음을 담은 구호다. 빈센트 브룩스 전 사령관은 'We breathe together!'라는 구호를 특히 좋아했다. 함께 식사할 기회가 있을 때마다 한국말로 '함께 갑시다'로 하고 두 번째 잔은 'We go together!'라고 건배 제의를 하곤 했다. 그의 한국 이름은 박유종이고 우리 애국가를 한국말로 유창하게 부를 줄 아는 열성적인 친한파이다. 한미친선협회는 주한 미군 사령관들이 한국에 부임해 오면 유대감을 더하기 위해 그들에게 한국어 이름을 지어 주고 있다. 현재 로버트 에이브럼스 사령관은 우병수이다. 주한 미군 사령관과 그 이후 나토 군사령관까지 역임한 커티스 스캐퍼로티는 서한택, 주한미군전우회(KDVA) 초대 회장을 맡은 월터 샤프는 송한필이다.

〈전 주한미군사령관 빈센트 브룩스와 함께〉

지난 2008년에는 국내에서 '미국산 쇠고기 수입 반대' 시위가 연일 일어났다. 그때 만났던 미군 병사들은 내게 직접 서운함을 토로하기도 했다. 미국산 쇠고기를 먹으면 뇌에 구멍이 나면서 미친다고 하는데 그것은 정말 이해할 수 없는 일이라는 것이다. 당

혹스럽고 난처해서 어렵게 답변을 했던 기억이 난다. 주한미군 중에는 할아버지나 그 외 친척들이 6·25전쟁에 참여한 경우가 매우 많다. 따라서 주한미군들은 단순히 한미동맹을 단순한 파트너가 아니라 오랜 친구 나라라는 의식이 매우 강한 편이다.

4~5년 전부터 미국에서는 주한미군전우회(KDVA: Korea Defense Veterans Association)를 결성하자는 움직임이 일어나고 있었다. 한국에서 근무했던 사령관을 지낸 예비역 장성들 그리고 한미연합사, 카투사에서 근무한 모든 한미장병 3백만 명을 대상으로 한다. 주한미군전우회는 지난 2017년 5월 3일 미국 워싱턴 D.C.에서 정식으로 출범했다. 당시 주미 안호영 대사가 한국과 미국 국방부를 오가며 열심히 역할을 해준 기억이 난다.

초대 전우회 회장은 2008년 중순부터 3년 동안 한미연합 사령관을 지낸 월터 샤프 전 사령관이 맡게 됐다. 주한미군전우회가 결성될 준비를 하고 있다는 소식을 듣고 국방위원장으로서 도움을 줄 일을 찾아봐야겠다고 생각했다. 마침 한반도안보 문제를 논의하기 위해서 의견 교환 차 미 상원 존 매케인 군사위원장과 면담 일정이 잡혀있어서 주한미군전우회 예비 간부들을 만나는 일정도 따로 마련했다.

특히 트럼프 행정부 출범 이후 한미 간 관계와 한반도안보 관련해서 대화를 나눌 생각도 있었다. 저녁 만찬에는 월터 샤프 전 한미연합사령관, 전 7공군사령관을 역임한 헤플바워와 스티브 우드 전 사령관, 전 군사정전위원회 UN 측 대표였던 애쉬톤 옴스 예비역 대령이 함께 했다.

〈전 주한미군 사령관(오른쪽 앞에서 세 번째) 등과 함께 만찬〉

한국에서는 박근혜 대통령 탄핵소추가 헌법재판소에서 만장일치로 의결됐고 5월에 대선이 치러질 예정이었다. 이들은 차기 한국 대통령의 안보관과 통일관에 대해서 궁금한 점이 무척이나 많은 모양이었다. 이들의 진지한 태도에 나도 신경을 곤두세우고 대화에 참여했다.

샤프 전 사령관은 힘주어 말했다.

"편한 길보다 험한 길을 가야 합니다. 사드 배치 번복, 북한과의 조건 없는 대화는 당장 갈 수 있는 평화로운 길처럼 보일 것입니다. 그러나 한국이 겪었던 천안함 피격과 같은 일이 다시는 발생하지 않게 하기 위해서라도 어렵고 험한 길을 가야만 합니다. 대한민국을 흔들고, 한미동맹의 틈을 만들려는 세력에게 어떠한 상황에도 흔들리지 않는 대한민국을 만들어야 합니다."

이들은 차기 한국 대통령이 북한에 자금을 지원해 김정은이 신무기 개발을 할 수 있도록 해선 안 될 일이라고 말했다. 역사적 경험을 잊어서는 안 된다는 점을 강조했다. 지금 당장 북한과 대화를 위해 대북지원을 하면 잠시 평화를 유지할 수는 있지만 궁극적으로 통일과는 멀어진다는 것이다. 북한이 변화하지 않고는 통일은 불가능하다.

지금 시점에 그날 저녁 대화를 상기해보면 그들의 우려가 현실이 되고 있는 것 같다. 북한 김정은은 핵 무력을 완성했고 강력한 국방력을 바탕으로 통일 위업을 앞당기겠다는 적화통일 선언까지 하고 있다.

그날 모여 열띤 대화를 나눈 전 사령관들은 정치인들이 아니다. 하지만 안보를 중시하면서 평생 군에 몸담았던 군 출신들로서 안보가 흔들리고 무너진다면 어떠한 외교적 평화 노력도 성공할 수 없다는 것을 강조하였다. 이것은 전쟁과 평화를 매일 생각하며 살아온 동맹국 군 베테랑들의 경험과 통찰이다.

전직 사령관들은 하나 같이 고(故) 백선엽 장군을 매우 존경했다. 버웰 벨 사령관은 “백 장군은 대한민국과 국민을 위기에서 지켜낸 것이나 마찬가지여서 미국의 조지 워싱턴 장군에 비유해 왔다”고 밝히기도 했다. 전직 사령관 7명은 지난 7월 백 장군의 서거 1주기에 추모 서한을 보내오기도 했다. 내가 만난 사령관들은 모두 ‘군은 나라를 지키는 최후의 보루이자 훈련과 대비태세가 가장 중요한 덕목’임을 강조하기도 했다.

2022년 3월이면 또 대통령 선거가 치러진다.

이번에도 남북 간에 대화 쇼, 평화 쇼를 하며 김정은이 새로운 무기를 개발할 시간을 선사할 인물이 대통령이 된다면 그만큼 통일은 멀어질 것이 불 보듯 뻔하다. 반인륜적 북한체제를 더욱 공고하게 만드는 지도자가 선출된다면 우리 국민은 경험하지 못한 대한민국을 또다시 경험하게 될 수밖에 없다.

30

오사마 빈 라덴을 바다에 수장시킨 미 항공모함 칼빈슨호

미 해군의 주력 폭격기인 F/A-16 슈퍼호넷들이 천둥 벼락의 굉음을 내면서 쉴 새 없이 하늘로 날아올랐다. 폭격기가 이륙한다기보다는 마치 총구를 떠난 총탄처럼 하늘로 쏘아지는 형국이었다. 자전거를 타고 터널을 지날 때 할리데이비슨 오토바이 부대들이 굉음을 내면서 내 옆을 휙 지날 때 가슴이 울렸던 기억이 새삼 떠올랐다.

항모의 높이가 74m로 24층 빌딩의 높이다. 항모의 넓이는 80m, 길이는 자그마치 330m로 갑판 끝에 서서 보면 반대쪽 끝이 보이지 않을 정도로 가물가물하다.

이 칼빈슨 항모에서 근무하는 승무원만 해도 5,000명이다. 최대 속도를 내면 30노트로 시속으로 따지면 55km 정도인데 여의도 63빌딩보다도 100m가 더 높은 빌딩이 바다에 누워서 시속 55km로 달린다고 생각해 보시라.

칼빈슨호와 함께 전단(戰團)을 함께 떠다니는 순양함 3대, 구축함 2대, F/A-18전폭기 수십 대, 급유기, 대 잠수함기, SH-3H 대 잠수함 작전헬기, E-2공중 조기경보기 등이 탑재된 칼빈슨 항모 전단의 전력은 웬만한 나라의 국방력을 훨씬 넘어선다. 이 항모는 지난 2011년 오사마 빈 라덴의 시신을 바다에 수장한 사실이 있어 미국의 자존심으로도 알려져 있다.

〈미 항공모함 칼빈슨호 내에서〉

칼빈슨호에는 교회가 세 곳이나 있을 정도로 하나의 마을이라고 해도 손색이 없다. 도서관과 영화관은 물론 승무원들을 위한 문화시설도 갖추고 있다. 얼마나 항모가 크던지 동시에 군에 입대해 항모에서 함께 근무하면서도 제대할 때까지 한 번도 만나지 못한 미군 형제가 있었다는 우스갯소리도 있다.

칼빈슨호는 2017년 3월 1일부터 독수리훈련(Foal Eagle·FE)을 두 달간 실시하는 가운데 13일부터는 키리졸브(Key Resolve·KR) 훈련도 함께 실시할 예정인데 중간에 한국의 국방위원장과 여야 간사 의원들을 항모에 초대한 것이다.

칼빈슨호에서 대화를 나눈 미 1항모 강습단장인 제임스 킬비 해군 준장은 "한국에 배치되는 사드는 전적으로 방어시스템인데 중국이 이를 반대하는 것은 납득할 수 없다"고 강조했다. 그는 "한미동맹에는 물샐 틈이 없다"고 말하면서 "동북아에서 있을 수 있는 여러 가지 우발적 도발에 대해 만반의 대비태세를 갖추고 있다"고 강조했다. 당시는 사드 배치에 대한 중국의 반발이 심하고 박근혜 대통령에 대한 헌법재판소의 탄핵 인용 결정으로 안보 상황이 매우 위태롭게 여겨지던 때였다.

화제를 우리 군 쪽으로 돌려 보자. 지난해 말 합동참모본부에서는 경항공모함 도입을 결정하고 국방부에서는 내년도 예산도 반영하고 있다. 그런데 아직까지도 경항모 도입에 대해서 찬반양론이 팽팽하다. 논쟁은 막대한 예산문제와 예산 대비 전략적, 전술적 효과성 등을 중심으로 이뤄지고 있다.

물론 항공모함은 없는 것보다 있는 것이 전력 향상에는 도움이 될 것이다. 하지만 항공모함이라고 하는 것은 단순히 항공모함 한 대를 도입해서 될 문제는 아니고 항모에 탑재하는 많은 전투기와 구축함, 호위함, 급유함, 초계기 등이 필요하다. 또 정비하는 동안 전력 공백을 메울 또 다른 항모가 필요하다는 의견 등 반대의견이 만만치 않다. 3면이 바다로 싸여 있는 우리의 경우 사실상 국토 자체가 항공모함이고 작전 해역이 넓지 않다는 지적도 있다. 항모가 적의 공격의 대상만 될 뿐 실효성이 없다는 의견이다. 항모전단으로 인해서 해군과 공군의 인력 재배치 문제도 거론된다.

그런데 내가 가장 염려하는 것은 지금 북한의 핵미사일 위협과 미·중 패권 전쟁이라는 새로운 국제안보 현실에 대해 문재인 정권이, 우리 군이 위기의식을 실제로 가지고 있는가이다.

북한의 목선이 삼척항에 유유히 정박을 하고 북한 승무원이 항구를 활보해도 모르는 군이 항공모함을 도입한다고 해도 그게 무슨 소용이 있겠나 싶다. 천안함이 북한의 어뢰 공격을 맞고 침몰을 해도 북한의 소행이 아닐 수 있다는 음모론에 대해 똑 부러지게 대응하지 않는 대통령이 군 통수권을 맡고 있는데 항모전단이 그저 군의 예산 블랙홀 구실만 하지 않을까 걱정인 것이다.

미국이 거의 매년 바다에서 실시하는 항행의 자유 작전에 우리 군은 참여도 하지 않고 있다. 특히 중국의 눈치를 보기 때문이다. 이런 상황에서 항모를 만들어도 그냥 기지에 정박시켜 놓고 국민 관람용으로 활용하지 않을까 염려된다.

어느 나라도 미국의 항공모함을 공격할 엄두를 내기 어려울 것이다. 그것은 항공모함 전단의 막강한 화력이 무서워서가 아니다. 미국의 항공모함을 공격하는 것은 바로 미국을 공격하는 것이고 그것은 자살행위나 마찬가지라는 것을 알기 때문이다.

우리 군이 평소 북한의 노크 귀순병한테 뚫리고 북한의 무인기가 우리의 영공을 활개 치면서 사진을 찍어도 모르고 있는데 항공모함을 도입한들 북한이 그것을 두려워할지 의심스럽다.

거대한 예산이 들어가는 항공모함보다는 적의 작은 움직임도 놓치지 않는 병사들의 예리한 눈빛과 우리 국토를 단 한 뼘이라도 적에게 내줄 수 없다는 각오로 매 순간 임하는 지휘관, 평화를 지키기 위해서라도 전쟁의 위협에 대비하는 군 통수권자의 냉철한 안보의식이 훨씬 더 급한 상황이다.

31

북(北) 화성-15형 발사, 유럽 NATO마저 전율 느껴

북한의 김정은은 2012년 집권 이후 2017년 9월 3일 6차 핵실험에 이르기까지 모두 4차례의 핵실험을 단행했다. 6차 핵실험은 수소탄 핵실험이었다. 6차 핵실험 성공에 대해 북한은 대내외적으로 대대적인 홍보에 나섰다.

북한 스스로가 밝힌 평가를 정리하자면 ▲북한은 미사일에 탑재하는 핵탄두로 분열탄, 수소탄, EMP탄(핵폭발에 의해 생기는 강력한 전자기파로 각종 전자통신장비를 무력화함)을 제작할 능력을 갖추고 있고 ▲핵탄두의 폭발력 규모도 전술핵무기를 비롯해 전략핵무기를 제조할 만큼 다양화할 수 있으며 ▲자체 기술과 생산 능력을 갖고 있기 때문에 핵무기 생산량은 얼마든지 늘리 수 있다는 점을 과시한 것이라 볼 수 있다(〈북한의 6차 핵실험 어떻게 볼 것인가〉, 이호령, 한국국방연구원 북한연구실장, 2017. 10 vol-132, 진단).

더욱이 같은 해 11월 29일 북한은 동해상으로 대륙간탄도미사일(ICBM) 화성-15형을 쏘아 올렸다. 사거리는 1만 3,000km에 달하는 것으로 분석된다. 평양과 미국의 워싱턴 거리가 1만 1,000km이고 평양에서 미국 플로리다주 마이애미까지 거리가 1만 2,300km인 점을 고려하면 미국 전역을 공격할 수 있는 명실공히 대륙간탄도미사일인 것이다. 북한은 "이 무기체계는 미국 본토 전역을 타격할 수 있는 초대형 중량급 핵탄두 장착이 가능한 대륙간탄도로케트"라며 "우리가 목표한 로케트 무기체계 개발의 완결단계에 도달한 가장 위력한 ICBM"이라고 주장했다.

〈화성-15형 발사 모습(2017. 11. 29)〉

김정은은 2021년 2월 8차 노동당대회 중앙위원회 사업총화 보고를 통해 "2017년 11월 29일 당 중앙위원회는 대륙간탄도로케트 화성포-15형 시험발사의 대성공으로 국가 핵무력 완성의 력사적 대업, 로케트 강국 위업의 실현을 온 세상에 긍지 높이 선포했다"고 주장한 바 있다.

북한은 화성 15형 발사일을 기념해 달력에 '로케트 공업절'로 표기하고 있는 것으로 외신을 통해 보도되기도 했다(NHK 2021년 2월 3일자 보도).

〈북한의 2021년 달력(11월 29일, 항공절 로케트 공업절이라 씌어있다)〉

〈스캐퍼로티 나토 군사령관 등과의 대화(2017. 12.)〉

공교롭게도 북한이 5차 핵실험(2016. 9. 9)과 6차 핵실험(2017. 9. 3), 화성-15형 발사시험 모두 내가 국회 국방위원장을 하는 동안 발생했다. 특히 화성-15명 발사는 대륙을 넘나드는 무시무시한 미사일이어서 미국뿐만 아니라 유럽 나라들의 반응도 매우 궁금했다. 2017년 12월 벨기에 브뤼셀에 있는 나토(NATO·North Atlantic Treaty Organization) 사령부를 방문해 그들의 반응과 핵공유시스템에 대한 자세한 정보를 들을 기회가 있었다.

나토 서열 2위인 로즈 고테묄러 사무차장은 북한이 발사한 ICBM에 대해서 나토회원국들의 깊은 우려를 전했다. 사거리로 치자면 북한의 화성-15형은 유럽의 베를린, 파리, 로마, 런던 등 모든 주요 도시가 북한 미사일의 사정거리 안에 들어간다는 것이다. 이 도시들은 평양에서 1만km 이내에 있는데 미국의 워싱턴(평양~워싱턴 1만1,000km)보다도 가깝다. 그들의 우려를 충분히 이해할 수 있었다.

한미연합사령관 겸 주한미군사령관을 지낸 스캐퍼로티 나토군 사령관은 "북한의 핵미사일 위협은 실로 임박한 위협(imminent threat)"이라며 "한반도와 역내를 넘어 전 세계를 위협하는 문제"라고 지적했다. 스캐퍼로티 사령관은 "나토는 북한 핵 문제를 해결하려는 한국의 입장을 강력하게 지지한다"고 말했다. 스캐퍼로티 사령관은 한국에서도 매우 성실하게 근무한 장군으로 주한미군사령관을 지내면 대부분 전역하는데 나토 사령관으로 영전하게 된 것도 주한미군사령관 역사상 32년 만의 일이다. 그의 한국 사랑에 다시 한번 고마움이 느껴졌다.

또 페트르 파벨 나토 군사위원장은 "나토의 핵 공유 프로그램에 대해 현지 나토 회원국의 전투기와 미군 소유 핵무기가 결합된 듀얼 시스템(dual system)이며 핵무기 사용은 정치적 결정이자 정치적 수단으로 나토 회원국들의 합의에 따라 사용 여부가 결정된다"고 핵 공유의 기본 개념과 함께 핵무기 사용에 대한 관련 기구와 세부 절차에 대해서 자세하게 설명해 주었다.

북한의 핵·미사일 문제는 이제 한반도에만 국한된 안보문제가 아니라 전 지구적 차원의 문제가 될 수도 있겠다는 생각이 든다. 그렇다면 이 문제는 한미동맹의 틀 안에서만 해결될 문제가 아니라 동북아시아에서도 유럽의 나토처럼 다자안보협력 체제, 이를테면 '아시아판 나토'가 필요하다는 생각을 했다.

미국은 이미 유럽의 나토처럼 아시아판 다자안보기구를 수립하는 구상을 밝힌 바 있다. 미국, 인도, 일본, 호주로 구성된 4각 안보협의체 즉 쿼드(QUAD)를 구성했다. 여기에 한국, 베트남, 뉴질랜드를 더하여 쿼드플러스로 확대해 중국의 팽창을 봉쇄한다는 전략이다. 미국의 아시아에 대한 기본 전략은 인도태평양 집단안보체제인 것이다.

현재 문재인 정부는 미국의 쿼드체제에 참여하지 않고 있다. 중국과 북한의 눈치를 보기 때문이다. 중국은 미국의 인도 태평양 전략은 아시아에서 나토를 구축하는 시도라며 역사적 수치로 기록될 것이라는 날선 비판을 해오고 있다.

중국 왕이 외교부장은 지난해 9월(2020. 9.) “인도-태평양 나토 구축시도는 국가 간 왕래의 마지노선을 넘는 행위”라면서 “다른 국가들을 협박해 자신의 편에 들게하며 신냉전을 부추기고 있다”고 비판했다.

그러나 한번 생각해보자. 중국은 북한의 비핵화를 위해서 전혀 노력을 하지 않고 있다. 오히려 북한 핵미사일에 대한 방어체계인 사드 배치 문제로 우리에게 엄청난 경제보복과 정치적인 압력을 행사해오고 있다. 중국은 이미 이전부터 역사공정과 서해공정 요즘은 공자학원과 중공군의 6·25 전승을 찬양하는 영화까지 만드는 문화공정에 열을 올리고 있다.

북한이 핵을 포기하지 않고 중국이 북한을 편들면서 남중국해와 태평양으로 세력을 확장하는 중국몽에 사로잡혀 있는 한 쿼드 체제와 함께 이를 확장한 ‘아시아판 나토’의 필요성은 설득력이 더욱 커져만 갈 것이다.

32

하와이 'USS 아리조나' 군함의 검은 눈물

태평양에 있는 하와이는 미국의 50번째 주(州)로 지상의 낙원이라 불린다. 따뜻하고 온화한 날씨에 자연재해도 거의 없다. 일년 내내 해수욕과 파도타기를 즐길 수 있다. 이런 이유로 1년에 1,000만 명의 관광객이 하와이를 찾는다.

나도 26년 전에 신혼여행을 갔던 설렘을 잊을 수 없다. 그 이후로도 국회 국방위원과 국방위원장 자격으로 업무차 두 번 더 방문할 기회가 있었다. 언제 가더라도 하와이는 활기가 넘치면서도 평화로운 섬이다.

하와이는 안보적인 측면에서 중요함이 더 크다고 볼 수 있다. 전 세계 자유민주주의 진영을 수호하고 미국의 안보를 지키는 일에 있어서 가장 중요한 전략 요충지이기 때문이다. 한국에도 마찬가지다. 한반도 유사시에 전략을 담당하는 최고 사령부도 이곳에 있다.

하와이 오하우섬에는 미국의 인도 태평양 사령부가 있다. 원래 태평양 사령부였다가 2018년 5월 인도 태평양 사령부로 명칭이 변경됐다. 이 사령부는 태평양과 인도양, 남극과 북극을 포함해 전 지구의 52%에 해당하는 43개국, 20개 지역을 작전 구역으로 하고 있다. 5개 항공모함 전단을 지휘하면서 B-52, B-2 등 핵폭탄을 투하할 수 있는 전략폭격기와 스텔스 전투기 F-22 등을 보유하고 있다. 주한미군과 주일미군도 이 사령부의 명령을 받고 움직인다.

하와이는 역사적으로 어떻게 이런 전략적 요충지가 됐을까?

1941년 12월 7일 일본군은 하와이 호놀룰루 진주만을 기습 공격했다. 선전포고도 없었다. 총 450여 대의 항공기를 실은 6척의 일본 항공모함이 하와이 근해로 들어와 정박해 있던 7척의 미국 전함을 폭격했다. 이 가운데 5척이 격침됐다. 200여 대의 항공기가 파괴됐고 2,400여 명이 목숨을 잃었다. 마이클 베이 감독의 영화 〈진주만〉을 보면 평화롭던 하와이가 하루아침에 화염과 비명에 휩싸이는지를 짐작할 수 있게 해준다.

일본의 하와이 진주만 공습은 제2차 세계대전 당시 중립의 위치를 지켰던 미국의 참전을 불러왔고 전쟁은 빠르게 세계 전역으로 확대됐다. 미국의 대일 선전포고 나흘 뒤인 12월 11일에는 독일이 일본을 돕기 위해 미국에 선전을 포고했고 이탈리아도 가담했다. 독일, 이탈리아, 일본은 이른바 추축국(Axis Powers) 동맹을 맺었다.

〈하와이 메모리얼 기념관〉

1942년 1월 1일 미국, 영국, 중국, 소련 등 26개국이 '연합국'을 구성하면서 결국 제2차 세계대전은 연합국 대 추축국의 전쟁으로 크게 확전 되었다. 미국의 참전은 제2차 세계대전의 흐름을 완전히 바꾸는 결정적 계기가 되었다. 결국 1945년 4월에는 이탈리아 파시즘의 지도자 무솔리니가 저항군에 잡혀 처형당했다. 히틀러도 4월 30일 관저 지하에서 스스로 목숨을 끊었다. 일본도 8월 6일과 9일 히로시마와 나가사키에 미국으로부터 원자폭탄 공격에 무릎을 꿇고 무조건 항복을 선언했다.

일본의 하와이 진주만 공격이 결국 제2차 세계대전의 흐름을 바꾸었고 미국이 자유민주주의 진영을 이끄는 선도국가가 되는데 계기를 마련해 준 셈이다.

여기서 중요한 것은 과거의 전쟁을 어떻게 기억하는가다. 앞으로 나라의 영토와 국민의 생명을 지키기 위해서 과거의 상처를 어떤 식으로 가슴에 새기느냐는 매우 중요한 문제다.

80년 전 일본군이 진주만을 공습했을 때 그 자리에서 완전히 침몰한 미군의 전함 'USS아리조나호'는 지금도 바다의 수면 아래 가라앉아 있다. 이 전함에 타고 있던 인원 중 1,177명이 사망했고 대부분 전함 내부에 그대로 수장된 것이다.

미국 정부는 하와이 주정부와 함께 이 군함 위에 추모기념관을 짓고 하와이 관광객들이 이 기념관을 방문하도록 하고 있다. 이 기념관은 정부의 예산과 함께 엘비스 프레슬리 등 유명 인사들도 모금에 앞장선 것으로도 유명하다.

아리조나호는 전함 내 연료탱크도 함께 가라앉았기 때문에 80년의 긴 세월이 지나도 기름이 조금씩 흘러나오고 있다. 얼마나 큰 규모의 전함인가를 말해준다. 지금도 육안으로 봐도 바닷물 표면에 기름띠가 보인다. 이것이 '아리조나호의 검은 눈물(Black

Tears of USS)'이다.

〈USS아리조나호 기름 탱크에서 지금도 흘러나오는 기름띠〉

미국의 역대 대통령들은 재임 기간 중 반드시 이곳을 방문하고 외국 국가원수와 하와이를 갈 때면 반드시 이곳을 들러 추모를 한다. 2016년 하와이를 방문한 당시 일본 총리 아베도 오바마 대통령과 함께 이곳을 방문해 함께 추모한 일이 있다.

우리나라는 국립중앙박물관으로 사용되던 일제 강점기 조선총독부 건물을 1996년 10월 하루아침에 철거했다. 그 건물은 오욕의 상징이지만 그 청사에서는 제헌의회가 역사적인 개원을 했던 곳이다. 이승만 초대 대통령의 취임식도 열렸고 6·25전쟁 때는 서울을 수복하고 태극기를 다시 게양했던 곳이기도 하다. 한순간에 역사의 모든 유물을 없앤다고 해서 그것이 과거의 아픈 역사를 없앨 수는 없다는 생각이 든다.

역사는 영광과 오욕이 씨줄과 날줄로 엮어진 것이고 그것이 바탕이 돼서 오늘이 되고 또 미래로 연결되는 것이다.

2017년 12월 국방위원장 자격으로 인도 태평양 사령부를 방문한 일이 있다.

공군사령부를 들렀을 때 일이다. 사령관은 건물 외벽과 계단에 있는 총탄 흔적을 가리켰다. 필자는 그게 무엇이냐고 물었다.

그는 "1941년 12월 7일 일본군의 공습에 의해 생긴 흔적입니다. 우리 병사들은 이 흔적을 보면서 그때 그날을 잊지 않고 매일 훈련에 임하고 있습니다."

그 순간 영국의 역사가이자 문평비평가인 아놀드 토인비가 했던 말이 떠올랐다. "역사를 통해 미래를 배울 수 있다. 역사를 잊은 민족에게는 미래가 없다"

세계를 지배하고 경영해본 영국의 역사가와 미국의 군사령관의 말이 내 머릿속에서 교차될 때 왠지 전율이 느껴졌다.

33

〈천안함 희생 장병들께 바치는 국방위원장 방미 보고의 글〉

7년 전인 2010년 3월 26일 21시 22분,
대한민국을 수호하다 산화한 천안함 영웅들에게.

PCC-772 천안함. 1999년 NLL을 넘어 공격해온 북한함정 10대를 단 14분 만에 격퇴시킨 제1차 연평해전에 참가하고서도 당당히 돌아왔었습니다. 그러나 7년 전 그날은 북한의 기습 어뢰 공격 이후 두 동강이 난 채, 수많은 젊은 장병들을 잃은 채 돌아오지 못했습니다. 다시는 이렇게 가슴 아픈 일이 일어나지 않도록, 대한민국의 국방위원장으로서 무엇이라도 해야 했습니다.

지난 3월 20일부터 3박 5일의 짧은 일정으로 미국 워싱턴DC를 다녀왔습니다. 국군 통수권자가 부재한 상황에서 빈틈없는 한·미 군사대비태세 유지를 위해 급히 일정을 잡았습니다. 다행히 미국 존 매케인 상원 군사위원장, 하원 테드 포 외교위 테러·비확산·무역 소위원장 등 의회에서 국방책임자와, 미국 국방부 로버트 워크 부장관, 합동참모본부 차장인 폴 셀바 장군 등 미군 지도부가 상황의 심각성을 고려, 면담에 적극 응해주었습니다.

이번에 만난 인사들은 하나같이 "북한 위협이 트럼프 행정부에서 가장 중요한 이슈"라고 말했습니다. 미국이란 나라는 중동문제 등 다른 많은 국제관계 이슈가 있을 텐데도 말입니다. 또 사드는 사람의 생명을 지키고 영토를 지키는 방어무기체계인 만큼 정치적인 논쟁을 벗어나 안정적으로 배치가 필요하다고 입을 모았습니다.

21일 한국전쟁 참전 용사의 넋을 기리기 위해 알링턴 국립묘지에서 일정을 시작했습니다. 체험학습을 하러 온 미국의 중고등학생들의 호기심 어린 눈빛과 한쪽 벽면에 새겨진 "FREEDOM IS NOT FREE" 글귀를 배경으로 참전 기념비에 감사하는 마음을 담아 헌화했습니다. 마음 저 깊은 곳에서 이루 표현하기 어려운 뜨거운 기운을 느꼈습니다.

첫 면담자로 미 하원 외교위 테드 포 소위원장을 만났습니다. 지난 1월 북한을 테러지원국으로 재지정하는 내용을 담은 법안을 발의했고, 이번 말레이시아 쿠알라룸푸르 국제공항에서 일어난 김정남 암살사건까지 포함한 수정법안을 준비 중이었습니다. 테드 포 의원은 때마침 저와의 면담 직전 본회의에서 "KIM JONG-UN IS A TERRORIST"라는 제목의 발언을 하고 사무실로 돌아오는 길이라고 설명했습니다.

〈테드 포 미하원(공화당)의원, 외교위원회 아시아태평양 소위원회 위원장〉

북한의 테러지원국 재지정에 대한 공감대 형성과, 북한 내에서 인권침해 실태, 중국의 탈북자 강제북송 문제 등에 대해 진지한 대화를 나눴습니다. 우리 국회가 해야 할 일은 미국 의회에서 하고 있구나 생각하니 부끄러움이 느껴졌습니다. 테드 포 의원과는 향후 북한 인권문제에 대해서 정보를 계속 교환하기로 했습니다.

다음으로 미국의 베트남 전쟁 영웅인 상원 존 매케인 군사위원장을 만났습니다. 매케인 위원장은 북한 위협을 '트럼프 행정부가 처음으로 당면하는 위기(First crisis)'라 평가하며 북한의 미사일 도발에 대해 우려를 표했습니다. 또한 북핵 문제와 사드 배치 문제에서 중국의 실질적인 역할도 강조했습니다. 그는 중국의 말보다 실천을 강조하면서 "Actions speak louder than words"라는 말도 한 바 있습니다.

〈존 메케인 미상원(공화당) 군사위원장 면담〉

매케인 위원장은 저를 만난 자리에서 사진 한 장을 보여주며 그가 겪었던 일을 들려주었습니다. 매케인 위원장은 베트남전에 해군 비행사로 참전했을 때, 하노이 상공에서 포탄에 격추되어 포로로 붙잡히게 되었습니다. 매케인의 부친이 당시 태평양 사령관이었던 것을 알고 있던 베트콩들은 매케인을 풀어주어 대미 심리전에 활용하려 했으나, 그들의 계획을 알고 있는 매케인은 석방을 거부해 스스로 4년 동안의 포로 생활을 하게 되었습니다. 편한 길이 있지만 조국을 위해 기꺼이 험한 길을 감수했던 것입니다.

이날 저녁, 한국에서 근무했던 미군의 주요 인사들과 만찬에서도 '편한 길보다 험한 길을 가야 한다'는 교훈을 다시 한번 얻을 수 있었습니다. 만찬에는 월터 샤프 전 한미연합사령관, 찰스 헤플바워 전 7공군사령관, 스티브 우드 전 7공군사령관, 애쉬톤 옴스 전 군사정전위원회 UN 측 대표가 참석했습니다. 이들은 '차기 한국 대통령이 통일에 대한 노력보다, 북한에 대한 자금지원으로 김정은이 계속 집권하며 신무기 개발을 할까' 걱정했습니다.

그러면서 '지금 당장 북한과 대화를 하며 지원을 해준다면 잠시 평화적일 수는 있지만, 통일과는 멀어질 수 있다'고 했습니다. 전 세계에서 유일하게 미군과 '연합사령부'가 존재하는 한국의 중요성을 인식하고 함께 걱정해주는 '지한파'를 한국에 돌아가서도 잘 관리할 수 있는 방안을 찾아야겠다는 다짐도 했습니다.

앞서 들었던 '편한 길보다 험한 길'을 가야 하는 것은 지금의 대한민국도 같습니다. 사드 배치 번복, 북한과의 조건 없는 대화는 당장 갈 수 있는 평화로운 길처럼 보일 것입니다. 그러나 그대들이 겪었던 천안함 피격과 같은 일이 다시는 발생하지 않게끔 하기 위해서라도 어렵고 험한 길을 가야만 합니다. 대한민국을 흔들고, 한미동맹의 틈을 만들려는 세력에게 어떠한 상황에서도 흔들리지 않는 대한민국을 보여줘야만 합니다.

〈샤프 전 주한미군사령관(가운데) 등과 함께〉

제가 지난 3월 17일 국방위원회 긴급현안질의에서 제안한 외교 안보 대연정 협의체(The Diplomacy Security Grand Commission)를 구성해 어떤 정권에서도 외교안보정책이 흔들리지 않아야 하겠다는 생각이 강해졌습니다.

3월 22일은 펜타곤에서 국방부 로버트 워크 부장관, 합참차장 폴 셀바 장군을 면담하며 시작했습니다. 워크 부장관은 이번 트럼프 행정부 정책결정 과정에 대해 설명해 주었습니다. 직전 오바마 행정부와는 달리, "트럼프 정부는 주요 외교 안보에 대한 의사결정 방식이 위에서 아래로 내려가는 방식이라 알려줬습니다. 즉 국무장관, 국방장관, 백악관 외교안보 보좌관 등으로 구성된 PSG(Principal Small Group)가 가이드라인을 정하면 아래에서 실무그룹이 실행 방법을 논의한다"고 알려주었습니다.

일정 마지막에 트럼프 정부 구성에 깊이 관여하고 있는 싱크탱크 헤리티지재단에 들러 월터 로만 아시아연구센터 소장, 브루스 클링너 선임연구원 등 전문가들과 토론을 했습니다. 이날 토론에서는 사드 배치의 당위성, 북한 추가 제재의 필요성, 북한 문제 해결을 위한 중국 압박, 한미FTA 등 폭넓은 주제에 대해 함께 고민했습니다. 한국의 많은 현안이 많이 미국과 맞닿아있고, 그만큼 미국과 지속적으로 대화하고 공감대를 형성해나가야 한다는 생각이 들었습니다.

천안함 희생 장병 여러분, 2009년 미국 하와이 태평양 공군사령부를 처음 방문했을 때, 사령부 건물 외벽에 구멍들이 남아있고 부서진 곳이 그대로 있어서 사령관에게 물어봤습니다. 사령관은 대답했습니다. "저 자국들은 일본이 진주만 공격을 할 때 쏜 총탄과 폭격 흔적들입니다. 우리 병사들은 매일 아침 구보를 할 때 저 총탄자국들을 보면서 역사적인 그날을 잊지 않고 있습니다."

〈브루스 클링너 헤리티지 선임연구원 등과 함께 토론〉

평택 2함대 사령부와 제 가슴에 남아있는 천안함을 보며 저 또한 그대들을 한시도 잊지 않겠습니다.

보고의 마지막으로 다시 한번 그대들의 이름을 애달프게 불러봅니다.

준위 이창기
원사 최한권
원사 남기훈
원사 김태석
원사 문규석

상사 김경수

상사 안경환

상사 김종헌

상사 민평기

상사 최정환

상사 정종율

상사 신선준

상사 박경수

상사 강 준

상사 박석원

중사 임재엽

중사 손수민

중사 심영빈

중사 조정규

중사 방일민

중사 조진영

중사 문영옥

중사 박보람

중사 차균석

중사 이상준

중사 장진선

중사 서승원

중사 서대원

중사 박성균
중사 김동진
하사 이용상
하사 이상민(88년생)
하사 이재민
하사 이상희
하사 이상민(89년생)
하사 강현구
병장 정범구
병장 김선명
병장 안동엽
병장 박정훈
병장 김선호
상병 강태민
상병 나현민
상병 조지훈
일병 정태준
일병 장철희
그리고 실종자 수색 중 사망한 한주호 준위.

평안히 잠드소서.

2017. 3. 26
국회 국방위원장 김영우

제6부

MZ세대의 통일의식

34 김정은을 향한 이준석의 시원한 한마디
35. 굳이 통일을? vs. 우리의 소원은 통일!
36. 민족주의 통일관 vs. 자유주의 통일관
37. 우리 정치 훤히 들여다보는 북한,
이번 대선에서는 어떻게 개입할까?
38. 문재인보다 더 위험한 이재명의 안보 포퓰리즘
39. 북한 눈치 보기 끝판왕 '북한 가짜뉴스 모니터링 예산'?

34

김정은을 향한 이준석의 시원한 한마디

2011년 12월 27일 새벽 7시쯤에 휴대폰이 울렸다.

박근혜 비대위원장: "김 의원님 안녕하세요? 저 박근혜입니다."

김영우: "네? 누구시라구요?"

박근혜 비대위원장: "저 박근혜에요. 김영우 의원님 맞으시죠?"

나는 깜짝 놀랐다. 전날 저녁 지역구인 연천에서 당직자들과 단합대회를 해서 술을 상당히 많이 먹은 탓에 거의 '떡실신'이 되어 잠자리에 들었다. 새벽 전화 소리에 잠이 깼지만 머리가 띵한 상태였다. 전화기 저편에서 들려오는 소리가 처음에는 누군지 알아차리기도 힘들었다.

그런데 '박근혜'라는 말에 정신이 번쩍 들었다. 목소리의 주인은 박근혜 비상대책위원장이었다.

박근혜 비대위원장: "다름이 아니라 이번에 김 의원님께서 당의 사무1부총장을 맡아주십사 부탁드리려고 전화 드리는 겁니다."

김영우: "대표님, 근데 저는 아직 초선인데요. 제가 알기에는 사무부총장은 재선급이 맡아온 것으로 알고 있습니다. 직전 사무1부총장도 재선의 이혜훈 의원이었구요."

박근혜 비대위원장: "아닙니다. 김 의원님은 주변의 평도 좋으시고 능력이 있으시니 저희가 뒷받침 해드리면 충분히 하실 수 있습니다. 이따 두세 시간 후에 맡으시는 것으로 언론에 발표해도 되겠죠?"

김영우: "아, 네. 그럼 열심히 해보겠습니다."

박근혜 비대위원회의 부탁으로 당의 사무1부총장을 맡게 된 경위다. 사무총장은 3선의 권영세 의원이 맡기로 돼 있었다. 그날 오전 10시쯤 언론에서 내가 사무1부총장을 맡게 됐다는 뉴스가 나오기 시작했다. 그때부터 비대위원회에 배석할 수 있게 되었다.

당시 비상대책위원으로는 김종인, 이상돈, 이양희, 김세연, 주광덕 등이었다. 가장 젊은 두 사람이 이준석, 손수조였다. 내가 이준석을 처음 만난 것은 그때였다. 회의 때마다 느낀 것은 이준석은 모든 주제에 거침이 없다는 것이었다. 말을 참 빨리도 잘하는구나, 하버드 출신은 역시 다르다고 속으로 생각했다.

그 이후 새누리당을 탈당해 바른 정당 시절에도 같이 활동했다. 2017년 서울시 구의 지하철역에서 김모 군이 열악한 조건에서 일하다가 사망했을 때도 저녁에 구의역에서 둘이 만나 함께 조문했던 기억이 난다. 마른 체구에 늘 등 가방(back pack)을 메고 터벅터벅 걷는 모습이 인상적이었다. 몇 차례 국회의원 선거에서 쓴잔을 마셨지만 여러 TV토론에 나가 맹활약을 펼치면서 논리력을 구사하는 이준석이 대단해 보일 때가 많았다.

지난해 말(2020년 12월)에는 어느 라디오 방송국 대기실에서 만나 다가오는 서울시장 재보궐이나 당 대표선거에 도전해 보는 것이 어떻겠냐고 했더니 오세훈 선배님이 서울시장에 출마한다면 자신은 시장에는 나서기 어렵고 당 대표는 생각해 볼 수 있다는 속내를 비쳤다. 나는 당 대표에 나서는 것을 적극 추천했다. 이준석처럼 젊은 사람이 보수당의 당 대표가 된다면 당이 청년들로부터 지지를 받고 결국 다가오는 2021년 3월 대선에서도 유리해질 것이라고 믿었기 때문이다. 그리고 대선의 승패 여부를 떠나서 대한민국 정치가 좀 더 젊어지고 미래지향적이면 좋겠다는 생각을 늘 해오던 터였다. 이준석이 다른 선배 의원들하고 치열한 경선을 치르는 와중에서 '이준석을 위한 변명'이라는 글을 내 페북에 싣기까지 했다.

돌이켜 보면 올해 우리 정치권에 최대의 뉴스는 36살의 이준석이 제1야당 국민의힘 당 대표가 된 사건이라고 나는 개인적으로 평가한다. 그것은 여야 정권이 교체되는 것 이상의 의미가 있기 때문이다. 20, 30대의 젊은 층이 보수당을 지지하고 30대의 청년을 당 대표로 뽑은 것은 한국 정치사에 정말 희귀한 일이다.

이준석은 우선 명쾌하다. 그 명쾌함이 기존의 정치패턴에 익숙한 기존 정치인들에게는 때론 눈살을 찌푸리게 한다. 하지만 이준석은 이런저런 사안에 대해서 교묘하게 돌려 말하기 좋아하는 기성 정치인들과 분명히 차이가 있다.

그가 지하철과 '따릉이' 자전거를 타고 출근을 해도 하나도 어색하지 않다. 남에게 보여주기식이 아니라 그냥 이준석다운 행동으로 여겨진다. 그만큼 국민의힘은 일반 대중들에게 다가가기에 좋은 여건이 마련된 것이다. 이전에는 당 대표가 자원봉사를 할 때도 특별히 의전을 세부적으로 준비해야 했다. 언론인터뷰가 있을 때면 실수할까 봐 조마조마하기도 했다. 그건 당 대표가 일반 대중의 정서와 거리가 있다는 뜻이고 진솔한 정치가 아니라 꾸며진 정치를 하기 때문이다. 적어도 이준석에게는 경륜과 경험은 좀 부족할지언정 가식은 없다고 본다. 이준석이 당 대표에 당선된 후 어느 일간지와의 인터뷰에서 밝힌 북한 김정은에 대한 발언은 압권이다.

"만약에 훗날 대통령이 되어서 북한의 김정은을 만난다면 무슨 이야기를 하고 싶은가"라는 기자의 질문에 이준석은 "어린 나이에 스위스에서 서구식 교육을 받았다고 하는데… 왜 배운 대로 안 사냐?"라고 묻고 싶다고 답했다.

전통적인 보수당의 당 대표가 언론인터뷰에서 과연 이런 식으로 생생하고 알아듣기 쉽게 대북 발언을 해본 적이 있던가?

보수진영은 주로 헌법과 자유민주주의를 기반으로 하는 통일의 필요성, 통일 대박, 남북한 간의 신뢰를 강조해왔다. 진보진영에서는 북한에 대한 남북교류, 화해와 협력, 북한의 비핵화 의지와 한미군사훈련의 축소와 연기 등을 주장해오고 있다. 보수든 진보든 늘 뻔한 레퍼토리를 가지고 상대 진영을 공격하는 일에만 온 힘을 쏟아 오고 있는 것이 현실이다.

이준석은 다르다. 일단 김정은에게 '왜 학교에서 배운 대로 안 사냐? 통일은 흡수통일이다. 북한이라는 나라는 살릴 가치가 하나도 없다. 우리가 북한에 경제를 배우겠나, 교육을 배우겠나, 법률체계를 배우겠나. 말 그대로 우리 체제로 통합해야 한다'라고 말한다.

이준석의 이 발언에서는 군더더기가 없다. 굳이 민족과 이념을 강조하지도 않는다. 전쟁 아니면 평화라는 이분법적인 접근도 없다.

아마 이준석과 이준석 현상으로 상징되는 20, 30대의 대북관이 대체로 이런지도 모르겠다. 그들의 대북관, 대북정책은 과거에 얽매이지도 않고 특별한 이념이나 진영에 얽매이지도 않는다.

통일도 우월한 가치를 추구하고 더 발전된 체제를 중심으로 그렇지 못한 체제가 흡수되는 것이다. 기존의 통일을 이룬 나라들의 예도 사실상 이에 가깝다.

독일 통일도 서독의 오랜 동방정책으로 서독과 동독이 대화를 하고 교류를 해서 달성된 것이 아니다. 서독의 동방정책, 동독 지원도 그냥 무상으로 이뤄진 것이 아니라 동독의 개혁과 인권 향상이라는 반대급부를 항상 조건으로 하는 것이었다. 물론 이웃 국가인 영국과 프랑스, 구소련 더구나 국제사회에서 제일 막강한 미국의 적극적인 이해와 협력을 이끌어 낸 서독 외교의 결과이기도 했다. 그러나 가장 중요한 요인은 동독 내의 거대한 자유화 물결이었다. 동독 국민이 통일을 열망한 것이다. 서독 국민처럼 살고 싶었던 것이다.

이 대목에서 어떤 대북정책, 통일관을 가져야 할 것인가?

우리의 경우 대북정책, 통일정책에 대한 접근의 차이는 첨예한 남남갈등의 원인이 되고 만다. 대북정책의 원칙도 없고 일관성도 없다. 남북문제와 일반적인 국제질서와 외교 문제의 연관성에 대한 인식도 천박하다. 한쪽에서는 민족 제일주의, 민족 환원주의로 접근하고 다른 한쪽에서는 빨갱이 혐오주의로 흐른다. 여기서 다시 이준석을 생각해 본다. 매우 현실적으로 생각해 보자는 거다.

내가 만난 20대 청년들의 인식은 다음과 같았다.

'남한과 북한은 지난 1991년 유엔에 동시 가입했다. 그럼 일단 북한체제의 정당성을 판단하기 이전에 북한을 국제사회의 국가로 인정해주자. 남북이 국경선을 두고 서로 이웃하고 있는 독립된 국가로 여기자는 거다.'

이것은 무엇을 의미하는 것일까? 양국은 각국의 안전과 국익을 위해서 각자 최선을 다하는 것이다. 국익을 위해서 다른 나라들과 동맹도 맺는 것이고 더 잘 살기 위해서 필요하면 무역도 하자. 경제교류를 통해서 남북 간에도 이익이 증대된다면 서로 경제교류를 확대하면 된다. 기업이 투자하고 기업이 이윤을 확대하는 것이다. 국가는 기업을 끌고 가는 게 아니라 최소한의 법적인 여건만 조성해주면 된다.

그러나 서로 안보에 위협이 된다면 괜히 만날 필요도 없다. 오히려 다른 나라와 만나고, 동맹을 강화해야 한다. 우리의 무기도 더 첨단화, 고도화하고, 동맹국 연합 군사훈련도 정기적으로 해야 한다. 북한이 핵을 포기하지 않고, 약속을 이행하지 않으면 국제사회에서 북한에 제재를 가하도록 하면 된다. 어설프게 대화한다며 남북 정상회담을 하고, 교류한다며 북한 핵을 인정하는 어정쩡한 게임은 북에 핵을 더욱 고도화할 수 있는 시간만 벌어줄 뿐이다.

결론적으로는 대북정책은 통일을 목적으로 다른 모든 것을 수단시할 필요가 없다는 점이다. 그렇게 해서도 안 된다. 제대로 남북 정상회담을 하려면 지금처럼 북한에 대해서 굴종적 태도로는 안 된다. 국익에 도움이 되지 않는 정상끼리 만남은 정략적 평화 쇼다.

통일은 성숙하고 발전된 체제가 그렇지 못한 후진 체제를 압도하고 흡수하면서 진행하는 것이다. 통일은 더 큰 평화와 행복을 위한 것이지 민족이라는 추상적 이념에 바치는 하향 평준화로 가서는 안 된다.

이념이 앞서거나 생물학적인 한 핏줄, 한 민족을 강조하지 않고 정상적인 나라와 나라 사이라면 오히려 이산가족 방문이나 여행이 더 자유로워질 것이다. 지금 남북관계는 여러 가지로 꼬여있다.

우월한 체제가 아니라 열등한 체제가 모든 문제를 이념화하고 '땡깡'을 부리는데 우리가 익숙해 있기 때문이다. 잘못돼도 크게 잘못됐다.

현실을 바라보는 더욱 분명하고 밝은 눈이 필요하다. 이준석 같은 현실적인 눈 말이다.

35

굳이 통일을? vs. 우리의 소원은 통일!

/

스포츠 경기는 인류의 행복과 평화에 대체로 도움이 된다. 그래서 스포츠 경기는 화합과 통합, 평화라는 그 누구도 거부할 수 없는 명분을 위해 활용되곤 한다. 그 자체를 탓할 수는 없다. 다만 그것이 개인의 자유와 권리, 진정한 평화가 아니라 전체주의의 폭력성과 부정한 권력을 정당화시켜주는 정치적 도구로 악용되는 것은 비판받아 마땅한 일이다.

지난 2018년 평창동계올림픽 개막을 불과 한 달 앞두고 문 정부는 여성 아이스하키팀을 남북 단일팀으로 구성할 것을 결정하였다. 아이스하키팀의 선수나 감독과는 사전에 전혀 상의도 없었다.

우리 대표팀은 개최국 자격으로 본선 8강에 오르게 되어있는데 북한 대표팀은 평창동계올림픽에 출전 자격이 없는 상황이었다.

결국 북한 선수 일부가 우리 팀에 합류하게 되면 게임에 출전해 기량을 발휘해야 할 우리 선수 누군가는 빠져야만 했다. 올림픽만 바라보고 지난 4년 이상 땀 흘려 노력한 것이 물거품이 되는 순간이었다. 남북교류와 협력, 평화라는 이름으로 개인의 권리가 심각하게 침해당하는 것이었지만 문 정부는 결국 남북 단일팀을 밀어 부쳤다.

많은 국민이 정부의 결정을 보며 분노했다. 특히 청년들은 '이것이 문재인 정부의 공정이냐'고 목소리를 높였다. 2018년 1월 9~10일 사이에 한국리서치 여론조사에 따르면 남북 단일팀 구성에 대한 반대 여론이 전 연령층에서 월등히 높게 나왔다. 20대에서는 82.2%, 30대는 82.6%, 40, 50, 60대에서도 평균 66% 이상이 반대했다.

지난해(2020년) 1월에는 MBC에서 20대의 패널 서너 명과 정세현 전 통일부 장관이 통일을 주제로 대화를 나눈 프로그램이 방영되었다. 정 전 장관은 여성 아이스하키 남북 단일팀의 당위성을 설명하면서 "국가적 차원에서 민족의 위상을 높이기 위해 가진 쪽에서 양보해야 한다"고 말했다.

20대 여성 한 명은 "기회를 빼앗긴 우리 하키팀 선수가 가진 자인가?"라고 되받았다. 다른 20대 남성도 "제가 그 선수라면 장관을 고소하고 청와대 앞에서 1인 시위라도 했을 것"이라며 정부의 결정이 개인의 권리를 심각하게 침해한 것이라고 주장했다.

정 전 장관은 통일의 필요성을 재차 강조하기 위해서 독일이 통일을 통해 경제적으로 GDP 규모가 세계에서 4등으로 올라섰고 유럽의 강자로 자리매김하게 됐다고 말했다. 하지만 청년들은 통일이 가져올 미래의 이점을 얘기하는 것은 공허하다는 식의 반응을 보였고 현재 각자의 삶이 중요하다고 말했다. 청년들은 더 나아가 북한의 값싼 노동력이나 풍부한 지하자원을 들먹이는 것도 우리가 제국주의적이라는 것을 보여주는 것이기 때문에 삼가야 한다는 의견이었다.

이 방송의 댓글에는 '내 세대에는 통일되지 않았으면 좋겠다. 지금도 힘든데 북한의 경제 수준을 올리기 위해 어떻게 비용까지 부담해야 하나', '통일은 되더라도 먼 훗날 이뤄지면 좋겠다. 과정에서 일어나는 긴장과 세금이 부담이다', '북한과는 그냥 이웃 나라로 잘 지냈으면 좋겠다, 자연스럽게 여행하고 교류하는 사이면 더 바랄 게 없겠다' 등의 내용이 달렸다.

2020년 1월 한국일보가 한국리서치에 의뢰해 Z세대(1990년대 중반에서 2000년 사이 출생) 500명을 대상으로 실시한 여론조사에서 Z세대의 52.5%는 통일에 대해 반대한다고 답했다. 찬성한다는 답변은 36.8%에 그쳤다. 우리의 소원은 통일, 꿈에도 소원은 통일'이라는 노래를 신념으로 여겼던 과거 세대와는 너무나 달랐다.

이제는 통일에 대해서 모든 세대가 수긍할 수 있는 정답을 찾기는 불가능해졌다. 통일이 개인의 권리를 침해하거나 공정의 가치를 수단으로 여길 수 없는 시대가 됐다. 통일만 되면 강대국이 될 것이고 경제적으로 더욱 풍요해질 거라는 장밋빛 전망으로는 통일의 당위성을 설명할 수 없다. 분단의 비용도 문제지만 통일 비용에 대해서 요즘 세대는 더 많은 관심을 보이고 있기 때문이다.

이제 통일에 대한 주장은 북한이 통일되기에 적합한 수준까지 변화하고 발전하기 전에는 설득력이 더욱더 떨어질 것이라는 생각이 든다. 그렇다면 앞으로 우리는 어떤 통일관을 정립해 나가야 하는 것일까?

36

민족주의 통일관 vs. 자유주의 통일관

'우리의 소원은 통일, 꿈에도 소원은 통일'이라는 노래에 이의를 제기할 사람이 많지 않았다. 남북은 원래 하나였고 다시 하나가 돼야 한다는 것은 그 자체로 진실이고 진리였다. 대한민국 국민이라면 남북분단의 아픔을 종식시키고 완전한 평화를 위해서 통일이 필요하다는 것을 당연하게 받아들여 왔다.

그러나 이제는 이런 생각도 당연하지 않은 시대에 우리는 살고 있다. 오늘날 MZ 세대(만 18세~ 39세)는 완전히 다른 대북관과 통일의식 가지고 있다.

지난 6월 국민일보가 여론조사기관 글로벌리서치에 의뢰해 전국 만 18~39세 남녀 1,000명을 온라인 설문 조사한 결과를 보자.

'남북통일에 대해 어떻게 생각하느냐?'는 질문에 이들 MZ 세대는 54.2%가 '반대한다'고 답했다. 절반이 넘는 수치다. '북한에 대해 어떻게 생각하느냐?'는 질문에도 31%가 '상관없는 남과 같은 국가'라고 답했고 14.9%는 '관심 없다' 17.3%는 아예 '적성 국가'라고 답해 최소한 63.2%가 결국 통일에 대해서 비우호적으로 답한 것으로 나타났다.

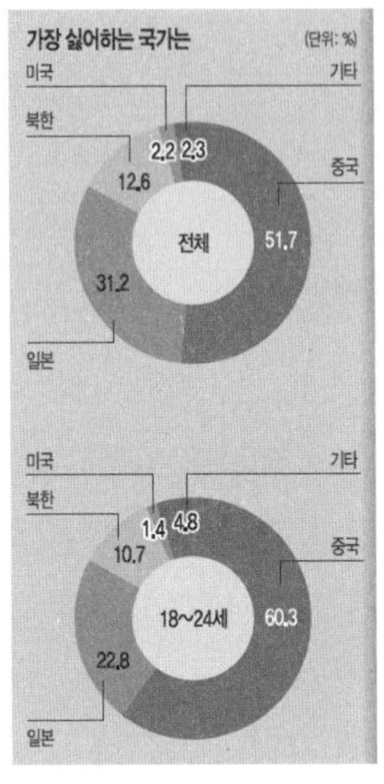

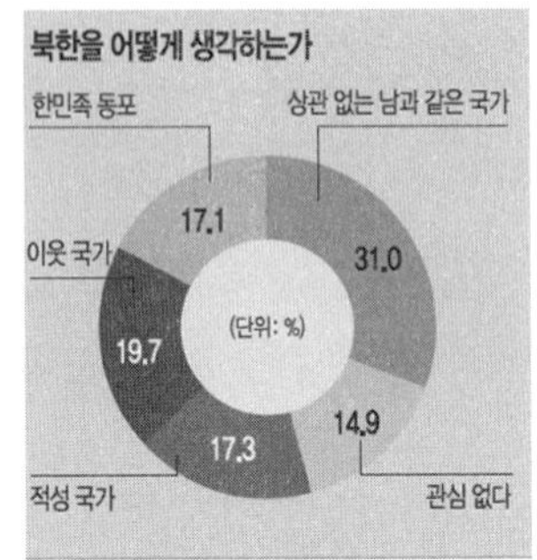

〈글로벌리서치, 국민일보. 2021년 6월〉

이들 MZ 세대는 '우리의 소원은 통일, 꿈에도 소원은 통일'이라는 노랫말에 대해 '왜 우리의 소원이 통일인가'라는 물음을 제기할지도 모른다.

이들에게 왜 이런 현상이 나타나는 것일까. 아마도 이들에게 북한 문제, 통일문제는 자신들의 팍팍하고 절망적인 오늘 당장 문제와는 너무나 동떨어진 주제이기 때문일 것이다. 이들은 차기 대통령이 추진해야 할 과제를 묻는 질문에도 46.7%가 '경제성장과 일자리 창출'이라고 답했고 통일이나 평화, 외교 안보와 관련한 응답은 아예 없었다.

이들에게는 북한이라는 나라에 대해서는 '천안함 폭침'과 '연평도 포격', 굶어 죽어가면서도 핵과 미사일 실험을 단행하는 무모한 전체주의 국가의 이미지가 각인돼 있다. 게다가 자존심이 강한 이들은 '삶은 소대가리'라는 용어까지 써가며 남한을 비방하는 북한은 상종도 하기 싫은 비정상적인 국가로 인식되고 있다. 취업난을 겪고 있고 결혼과 육아와 부동산 문제를 해결해야 하는 이들에게 미래의 통일효과나 통일 대박은 손에 잡히지 않는 무지개나 신기루일 뿐이다. 분단의 아픔, 이산가족의 슬픔에 대해서도 별로 들어보지 못한 세대다.

동아대 황기식 국제대학원 교수는 '청년세대는 통일이 경제 위기와 세금부담, 사회적 갈등을 증대시키는 등 부정적인 영향을 끼친다고 생각하는 경향이 강하다. 통일을 축복이 아닌 걱정으로 인식하는 흐름도 있다'고 우려했다(부산일보 [논설위원의 뉴스요리] MZ세대, 통일은 우리의 소원인가? 이병철 논설위원 칼럼 재인용. 2021. 7. 3).

이 같은 상황에서 문재인 정부가 2018년 평창동계올림픽 개최에 앞서 여성 아이스하키팀 남북 단일팀 구성을 결정했을 때 청년층의 반발이 대단했다는 것은 결코 우연이 아니다. 더구나 개인의 권리와 공정의 가치를 중시하는 이들에게 4년 동안 땀 흘려 노력한 우리 선수의 출전 기회가 줄어드는 상황은 참기 어려운 불공정 그 자체였다.

그렇다면 앞으로 지향해야 할 통일의 방향은 무엇일까?

남한과 북한이 5천 년 역사를 이어온 같은 한 핏줄이고 같은 언어를 쓰고 필연적으로 다시 하나가 되어야 하는 한민족이라는 수사는 이제 더는 설득력이 없다. 통일되면 남북이 함께 잘살게 될 것이라는 미래비전도 먹히지 않는다.

이제는 오히려 북한이 자유롭게 왕래하고 자유롭게 투자할 수 있는 독립적인 이웃 국가 정도로 남북 간에 평화만 유지되는 것을 목표로 삼는 것이 훨씬 더 현실적이란 판단이다. 통일이라는 이름으로 정상회담을 하고 통일이라는 이름으로 남북 왕래를 하고 통일이라는 이름으로 북한에 투자하는 것은 언제나 위협받을 수 있고 깨질지 모르는 정치 이벤트에 불과하다.

지금까지 북한에 대해서 논할 때는 생물학적인 민족개념, 핏줄, 공통의 역사를 강조하면서 '우리는 하나'라는 생각에 꽂혀 '만남' 자체에 의미를 두고 만나기 위해서라면 무엇이든지 아낌없이 퍼주는 모양새를 취해왔다. 특히 문재인 정부는 그 정도가 심하다. 북한의 핵능력 고도화와 미사일 실험, 하루가 멀다 발표되는 북한의 독설로 가득한 대남 성명서에도 불구하고 늘 '북한이 대화를 할 용의가 있는 것으로 해석한다' '북한이 대화의 끈을 놓지 않으려는 의도를 엿볼 수 있다'는 식으로 '북한 바라보기'에서 벗어나지 못하고 있는 것이 현실이다.

이제는 달라져야 한다. 대화와 통일도 남북한의 국민 모두가 원해야 하는 것이다. 남북한의 스포츠 단일팀도 팀의 선수와 코치, 감독이 원해야 하는 것이다. 민족이나 국가라는 명분을 내세워 어느 국민 개인의 자유와 권리를 침해하면 안 된다. 추상적인 민족이나 국가가 구체적인 개인의 삶을 규제하거나 파괴해서는 안 되는 것이다.

인권문제가 빠진 남북대화, 장밋빛 미래를 위해 지불하는 세금과 막대한 통일비용으로 통일을 강요할 수 없다. 북한도 선거도 치르지 않고 3대가 내리 권력을 세습하는 왕조 국가, 인민민주주의를 표방하면서 그 인민의 자유와 권리를 억압하는 정치범 수용소를 그대로 유지하는 한 통일이나 평화를 논할 자격조차 없다. 북한은 먼저 개인들의 거주이전의 자유, 언론과 출판의 자유, 신앙의 자유를 보장해야 한다. 그 정도 수준이 되고 나서야 자유주의를 바탕으로 남북협력 관계, 경제공동체 구성을 추진해 볼 수 있을 것이다. 이제 통일은 '민족주의 통일'의 개념에서 벗어나 '자유주의 통일'로 완전히 궤도를 수정할 때다.

37

우리 정치 훤히 들여다보는 북한, 이번 대선에서는 어떻게 개입할까?

인천아시안게임 폐막식이 열릴 예정인 2014년 10월 4일 아침 8시경, 휴대폰이 울렸다. 김무성 대표(당시 여당인 새누리당 대표)의 전화였다. 그 당시 나는 당에서 수석대변인을 하고 있을 때라 수시로 당 대표와 통화를 하였다.

김무성 대표: "김 의원, 오늘 오후 인천아시안게임 경기장으로 와라, 올 수 있지?"

평소 묵직한 저음인 당 대표의 목소리가 사뭇 떨리면서 다급함이 느껴졌다.

필자: "네, 가능합니다. 그런데 무슨 일이시죠? 오늘 대표님 폐막식에 참여하는 일정인가요?"

김무성 대표: "아냐, 조금 이따가 언론에 속보로 뜰 텐데 북한

황병서, 최용해, 김양건이 오늘 인천아시안게임 폐막식에 참석한다네. 정치인들도 잠깐 만나고 싶어하는데 우리 새누리당과 야당 대표와 몇몇 의원들도 보기로 했으니 이따가 와줘. 언론에 나가기 전에는 일단 극비로 좀 해주고…."

이렇게 해서 그날 오후 인천아시안게임 폐막식이 열리는 경기장 내 접견실에서 북한의 이른바 권력 실세 3인방을 만나게 되었다.

황병서는 북한군 총정치국장이었으며 의전상으로 북한 대표단의 단장이라는 인상을 주었고 자리도 가운데 앉았다. 최룡해는 중앙군사위 부위원장이면서 당비서로 체구는 작지만 악수할 때 힘을 강하게 주었다. 대화할 때는 황병서가 말하는 중간에 치고 들어가 화제를 돌리는 등 실세 중의 진짜 실세라는 느낌을 주었다. 통일전선부 부장인 김양건은 훤칠하고 세련된 용모면서도 회의장 구석에서 우리 정부 관계자와 함께 따로 대화를 나누는 등 실무적인 면모를 보이기도 했다.

그런데 내가 궁금했던 것은 북한의 최고위급 실세들이 왜 갑자기 아시안게임 폐막식에 참여한다고 했을까였다.

그 당시는 남북한 관계가 상당히 경색돼있는 상태였다. 아시안게임이 열리기 1년 7개월 전에는 북한이 제3차 핵실험을 단행했다(2013. 2. 12). 또 북한은 휴전협정 백지화를 선언하면서 남북 군사통신선을 절단하고 남북 간 일체의 대화를 거부했다. 더구나 김정은은 자신의 친 고모부인 장성택을 잔인하게 숙청했고 그 이후 김정은의 리더십에 문제가 생겼다는 확인되지 않은 소문이 자자했다.

그러다가 북한의 실세 3인방이 인천아시안게임 폐막식에 참가하기 위해 전세기로 방남하면서 김관진 국가안보실장, 류길재 통일부 장관 등과 5년 만에 최고위급 회담을 열게 된 것이다. 게다가 여야의 당 대표와 국회의원 등 정치인들과도 만난 것이니 그들의 방남이 무슨 의도일까를 두고 많은 추측과 분석이 난무했다.

〈인천아시안게임 폐막식에 앞서 여야 정치인과 만나는 북한 실세 3인방(오른쪽 끝이 필자)〉

그런데 내가 아는 바로는 북한의 대남부서 당 간부들은 남한의 정치 상황에 정보도 많으며 틈만 나면 남한 정치에 영향력을 행사해 자신들에게 유리한 분위기를 조성한다는 것이다. 오히려 우리 정치권과 언론이 북한의 실상에 대해 무지할 따름이다. 북한의 김정일이나 김정은이 며칠만 공개석상에 보이지 않으면 와병설, 쿠데타설 등이 판을 치고 추측과 억측이 판을 친다. 상대를 알고 나를 알아야 하는데 그 점에서는 우리가 북한에 훨씬 못 미친다는 생각이다.

북한 실세 3인방이 왔을 때도 여지없이 그것이 증명되었다.

나는 경기장 내 접견실에 들어가기 전에 10분 전쯤 접견실 밖 복도에서 미리 대기 중인 북한 대표단의 일행 한 명과 대화를 나눌 기회가 있었다. 그는 조선아시아태평양평화위원회 소속 고위급 임원이었다. 내가 포천·연천이 지역구라며 내 소개를 하면서 말을 걸었다.

그는 "잘 알고 있습네다. 젊은 나이에 두 번째 의원을 하는데 대변인도 하고 있고 아주 잘나가고 있고 앞으로 크게 정치할 일꾼으로 알고 있습네다" 이렇게 말하는 것이었다. 순간적으로 오싹했다. 이 사람이 정말 나를 잘 알고 있는 것일까? 그냥 넘겨짚는 것인가? 별의별 생각이 다 들었다.

그런데 그 이후 내가 만나본 탈북자 고위직들의 증언에 따르면 북한에서는 남한의 정치 상황과 정치인에 대해서 필요한 경우에 집중적으로 미리 분석한다는 것이다. 하긴 내가 외통위원으로 있을 때 나의 이메일이 북한으로부터 해킹당했다고 경찰의 보고를 받은 바도 있다.

태영호 의원도 탈북해서 국방위원장인 내게 도움이 될만한 많은 얘기를 해주었다. 특히 북한의 외교관들은 김정일이나 김정은 등 북한 최고 지도자의 눈 밖에 나지만 않으면 같은 일을 수십 년 동안 할 수 있어서 수시로 업무가 바뀌고 사람이 바뀌는 남한보다는 전문성이 더 있다는 것이다. 하긴 북한의 김일성, 김정일, 김정은부터 임기가 따로 없는 평생 지도자 아닌가. 젊은 김정은도 벌써 그가 상대한 남한의 대통령이 이명박, 박근혜, 문재인 세 명이다. 그러니 남북문제와 핵 문제 등에서도 김정은이 노련하기가 이를 데 없는 것이다.

북한은 다가오는 내년 3월 9일 대선에도 음으로 양으로 영향력을 끼쳐 자신들에게 유리한 여건을 만들기 위해 애쓸 것이 분명하다.

북한은 과거에도 KAL기 폭파사건, 연평해전, 무장간첩 침투 사건 등 위협적인 강경책으로 우리의 대선이나 총선, 올림픽 등에 영향을 주려는 전술을 구사했다. 또 때로는 남북대화나 문화교류 등 화해 제스처를 쓰기도 했다.

지난해 총선 직전에는 북한의 문화교류국이 '충북동지회'에 '친미 보수세력을 제압하고, 진보 민주개혁세력이 압도적 승리를 이룩하는 것(영장청구문 인용)' 등의 총선 지침 사항을 하달한 적도 있다.

내년 대선을 앞두고는 북한의 외곽 선전매체인 '메아리'가 여권의 이재명 후보를 '푹 썩은 술', 국민의힘 윤석열 후보는 '덜 익은 술', 안철수 후보는 '막 섞은 술'이라며 모든 후보를 비판하는 내용을 신기도 했다. '우리민족끼리'라는 선전매체는 '윤석열이 집권하면 남북관계는 파탄되고 한미관계는 굴종밖에 남을 것이 없다'라고 노골적으로 야당 후보를 비판하고 나섰다.

내년 2월에는 베이징 동계올림픽이 열리기 때문에 이것을 기회로 북한이 남북 고위급 특사 파견과 남북 정상회담, 종전선언 분위기 조성 등 실속은 없더라도 3월 9일 대통령 선거에 큰 영향을 줄 만한 이벤트를 기획할 가능성이 매우 크다. 여기에 평소 북한의 눈치를 보면서 남북대화에만 집착하는 문재인 정권이 어떻게 대응할지 벌써 걱정이 앞선다.

북한의 대남 선거 개입에 흔들리지 않기 위해서는 평소 북한의 움직임과 국제질서의 흐름에 대해서 객관적인 정보를 취합하고 북핵 문제와 인권문제, 지속 가능한 실질적인 평화의 여건이 만들어지고 있는지에 대한 면밀한 분석이 필요할 것이다.

38

문재인보다 더 위험한 이재명의 외교안보 포퓰리즘

이재명 더불어민주당 대통령 후보를 어떻게 표현해야 할까. 그의 대선 캐치프레이즈는 '새로운 대한민국, 이재명은 합니다'이다. 나는 그의 말을 믿는다. 그래서 두렵다. 그는 목적하는 바를 이루기 위해서는 수단과 방법을 가리지 않고 할 것 같은 예감 때문이다. 그리고 자기 자신에 대해서 가지고 있는 자신감의 과잉 때문이다.

그는 성남시 대장동 게이트 사건이 터져서 그와 가까운 인사라고 볼 수밖에 없는 전 성남시도시개발공사 기획본부장 유동규 씨가 뇌물죄와 배임죄로 구속이 되어도 눈 하나 깜짝 않는다. 소수의 민간업자들이 투자한 돈의 1,000배가 넘는 천문학적인 이득을 챙겼는데도 여전히 대장동 개발사업은 공익환수를 성공시킨 단군 이래의 최대 치적사업이라고 주장한다. 일반적인 상식을 벗어난 그의 집념이 두렵다.

그러나 가장 나를 두려움에 떨게 하는 것은 그의 외교안보 포퓰리즘이다. 안보문제를 인기 영합적으로 밀어붙인다면 결과는 원상복구가 안 되는 불가역적 파국으로 끝나게 된다. 그럴 가능성을 배제할 수 없게 됐다.

2017년 성남 시장 시절 그는 중국의 관영매체 CCTV와의 인터뷰에서 "대통령이 되면 사드 배치를 철회하겠다고" 서슴없이 말했다. 이재명 시장의 CCTV 인터뷰는 중국에서 하루 동안 네 번에 걸쳐 반복적으로 방송됐다. 북한의 핵실험과 미사일 실험에 대해 말을 아끼던 중국이 주한미군의 사드 배치를 이유로 중국이 우리나라에 경제적인 압박을 가하는 상황에서 중국 손을 들어줬다. 그에게는 북한 핵미사일의 위협이나 한미동맹은 고려의 대상이 아니다.

'전국 사드 피해자 간담회'에서도 "사드 배치는 대한민국 국익에 도움이 안 되기 때문에 원점에서 재검토해 철회해야 한다는 의견이 분명하다"고 밝혔다.

한일 군사정보보호협정(GSOMIA)에 대해서도 '매국 협정'이라고 딱 잘라 말했다. 북한군의 움직임과 첩보에 대해 일본이 가지고 있는 정보자산의 가치가 어느 정도인지를 모르는 참으로 단순 무식한 편견이다.

이재명 후보는 지난 대선 경선 후보 토론에서 다른 후보가 과거 사드 배치 철회 발언의 문제를 지적하자 "새로운 판단을 해야 하는 입장"이라면서 얼버무렸다. 새로운 판단이 필요한 상황이 무엇인지는 밝히지 않았다.

이재명 후보는 여권의 대통령 후보가 되고 나서 첫 외교적인 자리에서 반미정서를 유감없이 발휘했다. 2021년 11월 12일 서울을 방문 중인 미국의 오소프 상원의원에게 "한국이 일본에 합병된 이유는 미국이 가쓰라·태프트 협약을 통해 승인했기 때문"이라면서 "마지막 분단도 일본이 아니라 전쟁 피해국인 한반도가 분할되면서 전쟁의 원이 됐다는 점은 부인할 수 없는 객관적인 사실"이라고 말했다.

용산에 있는 전쟁기념관을 방문해 6·25 참전 희생자인 유엔군과 미군을 기리는 헌화를 하고 온 미국 상원의원에게 한일합병의 책임이 미국에게 있다고 말하는 것이 제정신일까?

이재명 후보는 프랑스 정치인에게는 병인양요의 부당함을, 몽고 정치인에게는 몽골의 고려침략을, 영국 정치인에게는 거문도 점령을 따져 물을 것인가?

역사적 사실을 분석하고 이해하는 일과 동맹국 정치인을 만나 우호를 다지는 일의 차이를 구분하지 못하는 외교적 감각을 가지고 무슨 국익을 위한 외교를 하겠는가?

수준이 이렇다 보니 제대로 된 외교 안보 대북정책의 청사진이 나올 리가 없다. 경선 중에 발표된 밑그림은 매우 추상적일 뿐이다. '한반도 평화경제 체제 수립 및 북방경제 활성화'다. 금강산 관광 재개를 추진하겠다는 정도가 구체적인 사업에 속한다. 이 밖에 남북 간 도로와 철도 연결, 강원도 평화경제특별구역 지정, 2024년 강원도 동계청소년올림픽 남북 공동개최 등이다. 어디에도 북한의 핵 문제, 인권문제, 대중 대미 대일 외교 문제는 찾을 수가 없다.

그는 대통령이 되더라도 문재인 정부의 정책과 크게 차별화할 필요성을 못 느낀다고 발언한 적이 있다. 결국 남북대화와 교류를 위해서 대북제재 완화와 '종전선언' 주장에 매달릴 가능성이 농후하다.

거기다 사드 배치 철회와 지소미아 철폐를 주장하고 나선다면 한미동맹은 크게 흔들리고 일본과의 관계도 악화 일로를 거듭할 것이다. 대외 관계가 악화되고 우리의 안보가 흔들려도 단군 이래 최대의 성공외교라고 우길까 두렵다.

39

북한 눈치 보기 끝판왕 '북한 가짜뉴스 모니터링 예산'

/

북한 눈치 보기를 아예 통일부 예산으로 증명해 보이는 정부가 역대 있었는가. 아마도 문재인 정부가 유일할 것이다.

여야 합의 없이 여당인 더불어민주당이 밀어붙인 내년도(2022년) 예산안에 '북한과 관련된 허위·왜곡 정보를 모니터링'하는 통일부 예산 2억 원이 포함됐다. 애당초 정부가 편성한 예산 항목에 없었지만 여당 의원들이 예산을 심사하면서 새롭게 끼워 넣은 예산이다. 북한 관련 뉴스나 유튜브 등의 내용을 점검해 가짜정보를 가려내겠다는 것이다. 한마디로 북한과 관련해서는 확인되지 않은 정보를 기사화하거나 유튜브 등 SNS로 퍼뜨리지 말라는 것이다. 이것은 쓸데없이 확인되지 않은 소문을 퍼뜨려 북한 김정은의 심기를 거슬리지 말라는 뜻으로 해석된다. 완벽하게 북한 김정은, 김여정의 눈치를 보는 예산이다.

그런데 이런 예산이 정말 효용성이나 현실성이 있는지 따져볼 일이다.

먼저 북한 관련된 수많은 정보 가운데 그 진위를 가릴 수 있는 정보의 비율은 현저히 낮다. 북한 자체가 기본적으로 폐쇄 사회이고 북한 정부 차원에서 공표하는 뉴스와 정보 자체를 신뢰하기도 어렵다. 그렇다고 우리 정보기관에서 취합한 북한 정보를 여과 없이 그대로 모든 국민에게 알린다는 것도 현실적으로 불가능이다. 그런 북한 정보에 대해서 정부 예산을 들여가면서 진위를 가리겠다는 발상 자체가 불가능하고 참으로 뜬금없다.

가끔 김정은이 축출됐다거나 김여정이 쿠데타를 일으켰다는 허접한 정보들이 나도는 경우가 있기는 하다. 그러나 그런 정보는 가짜일 경우는 단 며칠 만에 허위임이 드러난다. 또 북한의 실상과 관련해 때로는 상식적으로 신뢰가 가지 않는 경우도 있지만 그것은 북한 관련뿐만 아니라 세상사에 대한 많은 것이 그렇다고 볼 수 있다. 심지어 우리 사회와 현 정부에 관련된 수없이 많은 정보도 마찬가지 아닌가. 그런데 유독 북한 관련 정보의 진위를 가려내겠다는 것은 문재인 정부가 북한 김정은이 꺼리는 정보의 유통 자체를 미리 막겠다는 처사다.

사실 김정은의 비핵화 의지의 진위를 알 수 없는 상황에서 그것을 국내외에 유포시킨 것이 바로 문재인 정권이다. 지난해 9월 서해에서 북한군에 의해 잔인하게 피살된 해수부 공무원과 관련해 그 공무원이 자진 월북했다는 정부의 발표도 그 진위를 아직도 가리기가 어렵다. 뚜렷한 증거가 없지 않은가. 이 사건과 관련해 법원은 지난달 청와대가 국방부·해수부 등에서 받은 보고 내용과 각 부처의 지시 내용 또 피살된 공무원의 동료 진술 조서 등을 공개하라고 판결한 바 있다. 그런데도 정부는 정보 공개를 거부하면서 법원에 항소를 제기한 상태다. 결국 청와대가 정보 공개를 막고 있는 것이다.

문재인 대통령은 지난해 아빠의 죽음에 대해 진실을 밝혀달라는 공무원 아들의 편지에 대해 "진실을 밝혀내도록 직접 챙기겠다"는 답장을 보냈다. 문 대통령의 이 답신 내용은 지금 상황에서 보면 가짜뉴스가 된 것이다. 문 대통령은 지난해 이 사건이 있기 한 달 전 광복절 기념사에서 "국민의 생명과 재산을 지키기 위해서 국가가 최선을 다하겠다"고 천명했다. 이 말도 창공에 퍼지는 흰 구름처럼 허언이 되고 말았다.

북한과 관련된 잘못된 정보와 뉴스는 당연히 바로 잡기 위해 노력해야 한다. 하지만 그것은 가짜뉴스를 선별해 보겠다는 통일부 예산이 아니라 북한 사회의 실체를 객관적으로 분석할 수 있는 활발한 정보기관의 활동, 학자들의 연구 활동, 기밀이 아닌 한도 내에서의 투명한 정보 공개 등에 의해서 이루어져야 한다. 그렇지 않아도 '대북 전단 금지법' 등이 북한 '김여정의 하명법'이라는 비판을 받아오고 있는 마당에 북한 가짜뉴스 모니터링 예산까지 세웠으니 문재인 정권은 꼼짝없이 '북한 눈치 보기 정권'이라는 역사적 오명을 피할 수 없게 되었다.

〈에필로그〉

통일보다는 북한의 '정상 국가화'가 먼저다

문재인 대통령은 한반도평화와 북한의 비핵화 문제에 대해 아직도 미몽에서 헤매고 있다. 그는 UN 연설(2021. 9. 21)에서 '종전선언'이야말로 한반도에서 '화해와 협력'의 새로운 질서를 만드는 중요한 출발점이며 비핵화의 불가역적 진전과 완전한 평화가 시작될 수 있음을 주장했다. 지금까지 다섯 번 있었던 그의 UN 연설에서 첫 번째를 제외하고는 연속 네 번째 종전선언 주장이다.

연설 내용에는 최근 잇따른 북한의 미사일 실험에 대해서는 일언반구도 없다. 이번 종전선언 주장은 내년 2월 중국 베이징 동계올림픽을 계기로 남북정상회담이라도 한 번 더 해보겠다는 희망에서 북한 김정은에 대해 보내는 마지막 '구애(求愛)'로 보인다. 내년 3월 9일에 있을 대통령선거에서 정권 재창출을 위해서도 득이 될 수 있다는 판단도 있으리라.

그러나 미국 공화당 소속 연방하원의원 35명이 지난 12월 7일 "북한 정권의 비핵화 진전과 인권보장 없는 일방적인 종전선언에는 강력히 반대한다"는 내용의 서한을 바이든 행정부에 보내는 등 종전선언 주장은 동맹국으로부터도 외면당하고 있다.

북한은 김여정의 논평을 통해 '흥미 있는 제안'이라면서도 "적대관계를 그대로 둔 채 종전선언문이나 낭독하고 사진이나 찍는 그런 것이 누구에게는 간절할지 몰라도 진정한 의미가 없다"는 반응을 보였다. 대북제재 완화가 급한 북한에 한가하게 들리는 모양이다. 6·25전쟁에 책임이 막중한 중국도 아직 시큰둥한 입장이다.

제2차 세계대전 이후 한반도에서 벌어진 민족상잔의 비극이자 국제전이었던 6·25전쟁은 발발부터 정전협정에 이르는 과정이 매우 복잡한 전쟁이었다. 그런데 전쟁의 책임 문제, 국군포로 문제, 민간인 납북자 문제 등에 대해서는 입도 뻥긋 못하면서 '묻지 마 종전선언'부터 하자는 주장은 너무나 앞뒤 없고 무책임할 뿐이다.

문재인 대통령은 2017년 9월 그의 첫 번째 UN 연설에서는 "평화는 분쟁이 없는 상태가 아니라 분쟁을 평화로운 방법으로 다루는 능력을 의미한다"는 레이건 전 미국 대통령의 말을 인용한 적이 있다.

문 대통령은 아마도 '평화로운 방법' 즉 물리적 수단이 아닌 '대화'를 강조하기 위해 레이건 대통령의 말을 인용한듯하다. 그러나 그것은 대단한 착각이다. 레이건 전 대통령은 단순히 평화를 주장하거나 대화를 강조하면서 구소련을 무너뜨리고 독일 통일에 도움을 준 것이 아니다. 그의 가장 강력한 무기는 사회주의, 전체주의에 대한 강한 압박이었다. 그 압박은 독재와 인권탄압에 대한 증오와 자유주의에 대한 확고한 신념이었지 나약한 평화 타령이 아니었다.

그 유명한 레이건 전 대통령의 베를린 연설(1987. 6. 12)을 다시 들어보자.

그는 "동서의 차이는 무기에 있는 것이 아니라 자유에 있습니다." "전체주의 세계는 정신에 폭력을 가할 뿐, 창조하고 즐기고 존경하고자 하는 인간의 본능을 좌절시키기 때문에 퇴보를 초래합니다." "자유와 안보는 함께 갑니다. 인간 자유의 증진이 세계 평화를 증진할 것이라 믿습니다"라고 역설했다. 그리고 고르바초프 구소련 서기장에게 말이 아니라 행동할 것을 촉구했다.

"고르바초프 서기장! 평화를 원한다면, 소련과 동유럽의 번영을 원한다면, 자유화를 원한다면, 이 문(브란덴부르크)으로 오시오! 이 문을 여시오! 이 장벽을 무너뜨리시오!"

레이건이 강조한 것은 전체주의의 폭력성과 자유주의에 대한 확신이었지 단순히 대화와 협력이 아니었다. 끝내 구소련은 해체되었고 동서독은 통일되었다. 동서독 통일은 말 그대로 서독에 동독이 흡수되는 '흡수통일'이었고 자유주의의 승리였다.

평화라는 것이 단순히 '선언', '천명' 또는 '주장'에 의해서 달성되는 것이라면 이 세상에 전쟁이 왜 일어나겠는가. 문재인 대통령과 그를 둘러싸고 있는 친중 친북 586 정치인들이 남북대화를 위해 북한 김정은 눈치 보기에만 신경 쓴다면 정상적인 남북관계와 지속적인 한반도 평화는 불가능하다. 북한이 하루아침에 개성 남북공동연락사무소를 폭파하고 남북통신선을 장난감처럼 이었다 끊었다 해도 제대로 항의조차 못 하는 처지 아닌가. '하늘에서 폭탄이 떨어져도 평화를 외치는 것이 더 정의롭다'는 80년대 '우리민족끼리' 정서로는 북한으로부터 '삶은 소대가리' 취급만 계속 받게 될 것이다.

역사를 돌이켜 보면 그 어떤 평화도 약속이나 선언으로 지켜진 적이 없다. 오히려 그 반대다. '을사보호조약'이라는 이름으로 일본 제국주의는 조선을 침략하고 결국 병합시켜 식민지배를 했다. 뮌헨평화협정에 서명을 했지만 독일의 히틀러는 전 세계를 제2차 세계대전의 광기 속으로 몰아넣었다. 파리평화협정도 종전선언이었지만 미군이 남베트남에서 철수한 지 3년 만에 북베트남에 의해 사회주의 무력통일로 가는 길을 닦아주고 말았다.

침략과 전쟁은 세력 간에 힘의 균형이 깨질 때 일어날 가능성이 크다는 것을 깨달아야 한다. 북한은 현재 핵을 보유한 세계 6위의 미사일 강국이며 세계 3위의 생물·화학 무기 강국이다. 동맹이라는 안보협력 관계를 제외하고 남과 북의 물리적 파괴력만 단순 비교하면 이미 균형이 깨졌다. 북한이 서해 NLL을 침범해 서해 5도 가운데 하나의 섬을 점령하고 인질극을 벌이면서 무리한 요구를 해 올 가능성이 언제든지 있다고 봐야 한다. 이런 최악의 시나리오를 미리 막기 위해서는 우리도 언제든지 한미합동 방위군과 최첨단 정밀 무기로 상대의 공격지휘부 원점을 타격하고 무력화시킬 수 있는 의지와 능력이 있다는 것을 보여줘야 한다. 아무리 전쟁광이라 하더라도 대량 보복응징을 피할 수 없다면 그만큼 도발을 일으킬 확률은 낮아지기 때문이다. 그런 면에서 국가 안보를 위한 정기적인 한미연합군사훈련은 불가피하다. 북한의 비핵화가 진전되지 않은 상태에서 군사훈련 자체가 흥정의 대상이 될 수 없음을 못 박아야 한다.

남북통일도 평화로운 수단을 통해서 쉽게 이루어질 수 없다. 남과 북이 서로 타협하거나 절충할 수 없는 전혀 이질적인 가치와 이념체계 속에서 살고 있기 때문이다.

북한의 수령 중심의 유일사상체계와 폐쇄된 사회주의 체제는 북한 주민의 인권을 말살하고 있다. 이런 북한 사회를 그대로 유지한 채 북한 지도부와 '대화'에만 집착하는 대북정책은 언제든지 북한 김정은 기분에 따라 무너져 내릴 수 있는 모래성에 불과하다.

현재로서는 한미동맹의 강화, 인도 태평양 전략에 참여하는 미국, 일본, 인도, 호주 등 자유민주주의 국가들과의 안보협력 구축, 이를 바탕으로 하는 핵 공유 시스템 구축 등을 추구해야 할 것이다. 이것이 북한과의 힘의 균형을 유지할 수 있는 가장 효과적이면서도 가능한 수단이다.

남북통일은 우리가 튼튼한 안보를 유지하고 북한이 자유롭게 왕래하고 교류할 수 있는 정상적인 개방 국가로 변모할 때만 가능하다. 북한의 개방화, 자유화, 민주화가 먼저인 것이다. 남북이 같은 핏줄이라는 이유로 무조건 만나고 무조건 하나가 돼야 한다는 '우리민족끼리'와 '민족 통일론'은 특히 오늘날의 청년세대에게는 전혀 낯선 시대착오적 구호에 지나지 않는다.

우리가 지향해야 하는 통일은 인간의 자유와 권리가 존중되는 '자유민주주의 통일'이어야만 한다. 그런 통일을 위해서는 북한이 먼저 인간의 기본권을 지킬 수 있는 '정상 국가'가 되어야 한다.

전쟁과 평화, 그리고 통일의 문제는 늘 어려운 주제다. 그러나 그 해답은 인간이 오랜 세월 겪어온 역사적 경험에서 구해져야 한다.

그 역사 경험은 평화를 지켜온 것은 낭만적 이상주의와 민족주의, 평화협정서가 아니었다. 평화외교는 자신을 지킬 수 있는 무력 사용의 의지와 능력이 없다면 아예 불가능하다.

'전쟁을 준비해야 한다'는 주장은 늘 '전쟁을 하자는 것이냐?'는 비판에 시달린다. 그래도 우리는 그런 비판보다는 역사적 진실에 귀를 기울여야 한다. 평화는 너무나 고귀하기 때문이다.

"*Si vis pacem, para bellum*(평화를 원한다면 전쟁을 준비하라)."
-로마의 전략가 베제티우스

문재인 정부 외교·안보 굴욕 사건일지

〈2017. 5. 10: 문재인 정부 출범〉

▲2017. 5. 14

북한, 평안북도 구성에서 신형 중장거리탄도미사일(IRBM) 화성-12형 1발 발사

▲2017. 6. 9

강원도 인제군에서 추락한 북한의 무인기 발견, 무인기에는 경북 성주 사드 기지 등 500여 장의 사진정보가 수록

▲2017. 9. 3

북한, 6차 핵실험(수소폭탄)

▲2017. 11. 29

북한, 평안남도 평성 일대에서 신형 대륙간탄도미사일(ICBM) 발사, "국가 핵무력 완성" 선포

▲2017. 7. 23

중국, 러시아 군용기가 우리 방공식별구역(KADIZ)와 독도 상공을 수차례 비행

▲2017. 10. 31

남관표 국가안보실 제2차장 중국과의 실무협의서 '3불' 언급(사

드 추가배치, 미국 MD 체계 편입, 한미일 군사동맹 없을 것) 이후 중국은 '3불 약속 지키라' 문 정부에 압박

▲ 2017. 12. 14

문재인 대통령 방중 수행 언론인이 중국 경호원에 폭행당함

▲2017. 12. 15

문재인 대통령, 중국 베이징대 연설에서 중국을 '높은 봉우리' '대국'으로 언급하면서 한국을 '작은 나라'로 지칭

▲2018. 9. 19

남북군사합의서 채택(군사분계선 부근 공중정찰 및 군사훈련 불가)

▲2018. 9. 19

문재인 대통령, 평양 능라도 운동장 연설에서 "나는 남쪽 대통령" "김정은 위원장과 북녘의 동포들이 어떤 나라를 만들어나가고자 하는지 가슴 뜨겁게 보았다" "어려운 시절에도 민족의 자존심 지켜" "김정은 위원장과 손잡고 새로운 조국을 만들어 갈 것"이라 언급

▲2018. 9. 26

블룸버그 통신 "김정은이 유엔총회에 참석하지 않았지만 그를 칭송(sing praises)하는 사실상의 대변인을 뒀다. 바로 문 대통령"이라는 내용의 기사게재. 기사 제목은 '문재인 대통령이 김정은의 수석 대변인(Top spokesman)이 되다.'

▲2018. 10. 15

문 대통령, 유엔 안전보장이사회 상임이사국인 프랑스 에마뉘

엘 마크롱 대통령과 만나 '북한의 비핵화에 따라 유엔 안보리의 대북제재 완화가 필요하며, 프랑스가 안보리에서 이 같은 역할을 해달라'고 요청, 그러나 마크롱 대통령은 "비핵화는 완전하고 불가역적이며 검증 가능해야 한다고 생각한다"며 "비핵화는 이 원칙에 합당하게 이뤄져야 한다고 생각한다"고 선을 그음. 문 대통령의 요청이 면전에서 거절당한 셈.

▲2019. 1. 15

2018 국방백서에서 '북한은 적' '킬체인' '대량응징 보복'이라는 용어가 삭제됨

▲2019. 2. 27

제2차 북미정상회담(베트남 하노이), 합의문 채택 없이 결렬

▲2019. 6. 16

북한인 4명이 탄 목선이 군의 경계망을 뚫고 강원도 삼척항 방파제에 정박, 시민에게 휴대폰을 빌려달라고 하다가 신고됨. 정부는 4명 중 2명을 불과 사흘만에 북으로 송환

▲2019. 8. 16

북한 김여정, 대남 성명서에서 문 정부를 '삶은 소대가리'라는 용어를 써서 경멸적으로 비판. 하루 전 문재인 대통령이 8·15 경축사에서 평화를 강조한 연설에 대한 반응.

▲2019. 11. 7

귀순 의사를 밝힌 북한 선원 2명을 눈가리개와 결박한 상태로 판문점까지 데려간 후 북한군에게 인도, 국내외로부터 많은 비판

을 받음. 당국은 2명이 북한 주민 16명을 살해한 흉악범이라고 발표했으나 북한 주민 16명을 탈북시키려다 북한 국가보위부에 체포됐다가 탈북한 청년들이었다는 주장이 제기되기도 했음.

▲2020. 3. 3.

북한 김여정, 대남 성명서에서 청와대를 겨냥해 '겁먹은 개' '저능한 사고방식' 등의 비난. 청와대가 하루 전 북한의 장거리 미사일 발사 훈련에 대한 우려를 제기한 데 대한 비난. 청와대는 김여정 성명서에 침묵.

▲2020. 5. 3

북한군, 우리 측 중부전선 비무장지대 감시초소(GP)에 수발 총격, 군은 '피해 없다' 발표

▲2020. 6. 4

북한 김여정이 탈북민들의 전단 살포 활동을 비난하면서 탈북민들을 '똥개' '쓰레기' 등의 막말로 표현. 문재인 정부를 향해서는 '남북공동연락사무소 폐쇄와 남북군사합의 파기, 개성공단 완전철거' 등을 거론하며 협박. 이에 통일부는 4시간 만에 '대북전단 살포를 법률로 막기 위한 방안을 검토 중'이라고 밝힘. 청와대는 '삐라살포는 백해무익' 이라며 단호하게 대응할 것을 언명.

▲2020. 6. 9

북한, 남북 통신연락 채널 폐기 발표

▲2020. 6. 16

북한, 개성 남북연락사무소 폭파

▲2020. 9. 22

북한군, 소연평도 해상서 우리 공무원 총격 및 시신 불태움

▲2021. 1. 26

문 대통령, 중국 시진핑과의 통화에서 '중국 공산당 창당 100주년을 진심으로 축하한다"고 치하. 이에 6·25전쟁을 아직도 항미원조전쟁이며 승전을 자축하는 중국공산당 창립을 축하할 수 있느냐는 비판이 제기됨

▲2021. 1. 12

북한 김여정, '당대회 기념 열병식을 정밀추적했다'는 남측을 향해 "세상사람 웃길 짓만 골라하는 데 세계적으로 처신머리 골라할 줄 모르는 데서는 둘째로 가라면 섭섭해할 특등 머저리들"이라고 비난

▲2021. 1. 29

감사원의 월성1호기 폐쇄 감사 직전 삭제된 산업부 자료에서 '북한에 대한 원전지원 계획' 문건이 공소장에 기재된 사실이 공개

▲2021. 3. 16

북한 김여정, 문재인 대통령을 향해 '태생적인 바보, 떼떼'라고 표현하면서 문재인 정부의 대일 외교에 대해서는 "섬나라에 추파를 던진다"라고 비난

▲2021. 3. 21

북한, 평안남도 온천서 서해상으로 단거리 순항미사일 발사

▲2021. 3. 30

대북전단 금지법 시행

▲2021. 4. 15

미국 하원 톰 랜토스 인권위원회 '대북전단 금지법' 등 북한 인권 관련 청문회 개최. 이 청문회는 북한의 최대 명절인 김일성 생일에 맞춰 전 세계에 생중계. 인권위 공동위원장인 크리스 스미스 의원은 "표현의 자유를 제약하고 한국 대중음악의 북한 유입을 막는 반(反)성경, 반(反)BTS 풍선법"이라며 맹비난.

▲2021. 5. 2

북한 김여정, 성명서에서 "남조선 당국은 탈북자 놈들의 무분별한 망동을 또다시 방치해두고 저지시키지 않았다"면서 "우리가 어떤 결심과 행동을 하든 그로 인한 후과에 대한 책임은 전적으로 더러운 쓰레기들에 대한 통제를 바로 하지 않은 남조선 당국이 지게 될 것"이라고 비난

▲2021. 6. 9

왕이(王毅) 중국 외교 담당 국무위원 겸 외교부장이 정의용 외교부 장관과의 통화에서 미국의 대(對)중국 압박인 인도·태평양전략을 비난하면서 "한국이 남의 장단에 끌려가선 안 된다"며 한미동맹을 무시하고 문 정부를 압박

▲2021. 6. 14

주요 7개국(G7)정상회의에 참가한 정상들 단체 사진에서 남아공 대통령을 편집해 자르고 문 대통령을 중간에 위치시켜 과도한 홍보를 하려다 외교적 물의를 빚음

▲2021. 11. 7

유엔총회 산하 제3위원회, 2005년 이후 17년간 연속적으로 북한인권결의안 투표 없이 합의로 채택. 한국은 3년 연속 공동제안국 동참 거절.

김영우

• 출생

1966. 10. 14 경기도 포천 신읍리

• 가족

아내, 슬하 1남 1녀

• 학력사항

2004 성균관대학교 국정관리대학원 국정관리학과 박사과정 수료
~1991 고려대학교 대학원 정치외교학과 석사
~1989 고려대학교 정치외교학과 학사
~1985 경희고등학교
~1982 경희중학교
~1979 포천초등학교

• 수상내역

2015 제3회 국회의원 아름다운 말 선플상
2015 제5회 국회를 빛낸 바른 언어상 대변인상

• 경력사항

2020.2~2020.5 제20대 국회의원 (경기 포천시가평군/자유한국당)
2018.9~2019 자유한국당 경기도당 위원장
2018.7 제20대 국회 후반기 행정안전위원회 위원
2017.11~2020.2 제20대 국회의원 (경기 포천시가평군/자유한국당)
2017.6 바른정당 최고위원
2017.1~2017.11 제20대 국회의원 (경기 포천시가평군/바른정당)
2017.1~2017.11 제20대 국회의원 (경기 포천시가평군/바른정당)
2016.6 제20대 국회 전반기 국방위원회 위원장
2016.6~2016.8 새누리당 혁신비상대책위원회 위원

2016.5~2016.12 제20대 국회의원 (경기 포천시가평군/새누리당)
2014.11~2016.5 제19대 국회 외교통일위원회 위원
2014.9 새누리당 보수혁신특별위원회 위원
2014.8~2016.4 새누리당 수석 대변인
2014.6~2014.11 제19대 국회 후반기 외교통일위원회 간사
2013.8~2014.5 제19대 국회 예산결산특별위원회 위원
2013.4~2014.5 제19대 국회 외교통일위원회 위원
2012.7~2013.4 제19대 국회 외교통상통일위원회 위원
2012.5~2016.5 제19대 국회의원 (경기도 포천시연천군/새누리당)
2012.2~2012.5 제18대 국회의원 (경기도 포천시연천군/새누리당)
제18대 국회 국방위원회 위원
제18대 국회 예산결산특별위원회 위원
2008.5~2012.2 제18대 국회의원 (경기도 포천시연천군/한나라당)

(당직)

자유한국당 경기도당 위원장
새누리당 제1사무부총장
새누리당 수석대변인
한나라당 여의도연구소 정책자문위원
한나라당 경기도당 직능본부장

(사회경력)

YTN 기자
고려해운 한일영업부

김영우의 외교안보 작심토로
남쪽 대통령이라니

초판 1쇄 인쇄 2021년 12월 27일
1쇄 발행 2021년 12월 31일

지은이 | 김 영 우

펴낸곳 | 북앤피플
대 표 | 김진술
펴낸이 | 김혜숙
디자인 | 박원섭
마케팅 | 박광규

등 록 | 제2016-000006호(2012. 4. 13)
주 소 | 서울시 송파구 성내천로37길 37, 112-302
전 화 | 02-2277-0220
팩 스 | 02-2277-0280
이메일 | jujucc@naver.com

ISBN 978-89-97871-54-4 03340